AF561534

HISTOIRE POPULAIRE

DE LA

RÉVOLUTION FRANÇAISE

DE 1789 A 1845.

DEUXIÈME ÉDITION.

V

Imprimerie de GUIRAUDET et JOUAUST,
rue Saint-Honoré, 315.

HISTOIRE POPULAIRE

DE LA

RÉVOLUTION FRANÇAISE,

DE 1789 A 1830,

PRÉCÉDÉE

D'UN PRÉCIS DE L'HISTOIRE DES FRANÇAIS

DEPUIS LEUR ORIGINE.

2me ÉDITION

continuée jusqu'en 1845,

DÉDIÉE

AU PEUPLE,

PAR M. CABET,

EX-DÉPUTÉ, EX-PROCUREUR-GÉNÉRAL.

TOME V.

PARIS,

AU BUREAU DU POPULAIRE.

1847

PRÉFACE.

Dans ce 5e volume, je veux tracer l'histoire depuis 1830 jusqu'en 1845,

Et je veux que cette histoire, plus encore que celle des années précédentes depuis 1789, soit *un cours de Politique en action.*

Le cadre est étroit, mais le sujet est immense : car je désire n'omettre aucun fait important, aucune réflexion utile.

Je serai donc forcé de négliger ce qu'on appelle *la phrase*, pour aller droit au but, en ne recherchant dans le style que la concision et la clarté.

Heureux si ce livre peut présenter au Peuple une véritable instruction politique, qui puisse lui faire éviter les fautes passées et le conduire à la conquête de ses Droits et de son bonheur!

Entré dans le mouvement démocratique dès 1814; membre, pendant les *Cent jours*, du Comité central de la Fédération bourguignonne; défenseur des principaux patriotes poursuivis devant les tribunaux de la Restauration dans mon pays; persécuté moi-même; élu, en 1822, dans un Congrès de la Charbonnerie à Paris, membre du Comité directeur avec Lafayette, Manuel, Dupont de l'Eure, d'Argenson, Kœchlin, et 6 autres; lié, depuis cette époque, avec les principaux chefs de l'opposition; acteur dans le grand drame de 1830; membre, avec Cousin (depuis Ministre), Renouard (depuis secrétaire général du Ministre de la Justice), Népomucène Lemercier, etc., de l'une des premières municipalités insurrectionnelles (celle de l'Odéon); d'abord secrétaire intime de Dupont de l'Eure, puis procureur général en Corse; bientôt destitué à cause de mon indépendance; élu député de la Côte-d'Or en 1831; signalé comme l'un des organes les plus avancés de la Démocratie à la tribune; opposant par écrit dès le 3 août 1830; auteur d'une des brochures les plus hardies publiées, en octobre 1831, sous le titre : *Péril de la situation présente;* poursuivi pendant l'état de siége, et menacé d'être fusillé comme l'un des chefs du mouvement de Juin 1832; auteur de la première histoire qui parut de la Révolution de 1830; poursuivi pour cette histoire et acquitté; membre de presque toutes les Sociétés politiques d'alors; directeur de l'*association libre pour l'éducation du Peuple;* fondateur du premier *Populaire*, tiré à 27,000 exemplaires; condamné pour un article en faveur des Polonais; forcé de m'exiler pendant 5 ans; ayant consacré tout le temps d'un si long exil à l'étude et à la méditation : je dois pouvoir, aussi bien que tout autre, connaître, apprécier et raconter aujourd'hui les événements de nos quinze dernières années.

Je pourrais même me borner à réimprimer ma première *Histoire de la Révolution de* 1830, puisqu'elle a été acquittée par le jury et qu'elle a reçu du public un tel accueil qu'elle a eu trois éditions depuis le jugement et qu'on en a vendu plus de 20,000 exemplaires, depuis long-temps épuisés.

Mais, gêné par la nécessité d'ajouter l'histoire des 13 années postérieures, de prendre dans les nombreux ouvrages publiés depuis les faits nouveaux qu'ils contiennent, et de renfermer le tout dans un volume, je ne puis répéter tous les détails de ma première *Histoire de la Révolution de* 1830, et je me trouve contraint d'en prendre seulement la partie la plus essentielle, celle qui contient le *principe* et qui donne la *clé* de tous les événements subséquents.

On comprendra facilement que je dois écarter surtout, dans l'intérêt du livre lui-même, les passages incriminés dans le procès de 1832.

Mais aucun fait important ne sera passé sous silence; et la modération ou la prudence dans la forme n'empêchera nullement la franchise et la fermeté dans les idées.

Fils d'un artisan, plébéïen et naturellement Démocrate, je ne ressens aucune envie contre les classes que favorisent la naissance et la fortune, et je suis assez heureux pour ne haïr personne ; profondément convaincu que les vices des riches comme des pauvres sont le résultat d'une mauvaise organisation sociale, cette conviction me porte énergiquement à une tolérance universelle, qui me fait désirer le bonheur de tous sans exception : mais mon affection et ma prédilection sont d'abord pour le Peuple, parce qu'il est le plus nombreux et le plus malheureux, parce que son infortune est la plus imméritée, parce que je connais ses vertus comme ses inexprimables misères.

Éclairé d'ailleurs par une longue expérience, mûri par les études et les méditations d'une longue retraite dans l'exil, purifié par la contemplation habituelle des questions sociales et politiques, sans illusion comme sans ambition, complétement désintéressé, absolument sans crainte comme sans haine, sans autre passion que l'amour de mes semblables et le désir de voir leur bonheur assuré par le règne de la *Fraternité*, je me sens toute l'indépendance et tout le courage nécessaires pour dire la vérité au Peuple comme au Gouvernement, et au Gouvernement comme au Peuple, et pour accomplir le devoir qu'impose l'Histoire à l'Historien, celui de tirer des événements toutes les leçons qui peuvent être utiles à l'Humanité.

Indépendamment de ma première *Histoire de la Révolution de* 1830, voici les principaux ouvrages que j'ai consultés :

1° — *Lafayette et la Révolution*, par *Sarrans ;*

2° — *Louis-Philippe et la Contre-Révolution,* par le même ;

3° — *Mémorial de l'Hôtel-de-Ville*, par *H. Bonnelier ;*

4° — *Souvenirs historiques*, de *Bérard ;*

5° — *Histoire de* 1830, par *A. Mazas ;*

6° — *Histoire de la Révolution de* 1830, par *Rossignol* et *Pharaon ;*

7° — *Deux ans de règne,* par *A. Pépin ;*

8° — *La Révolution de* 1830 *et le Parti républicain ,* par *A. Fabre ;*

9° — *Etudes politiques et historiques*, de *Polignac ;*

10° — *Histoire de dix ans*, par *Louis Blanc ;*

11° — *Vingt mois de la Révolution de* 1830, par *Salvandy.*

HISTOIRE POPULAIRE

DE LA

RÉVOLUTION FRANÇAISE

DE 1789 A 1845.

DIXIÈME PARTIE.

RÉVOLUTION DE 1830.

CHAPITRE Ier. — FAITS PRÉLIMINAIRES.

§ I. — Rapide coup d'œil en arrière.

L'Esclavage régnait sur toute la Terre et avec lui l'Individualisme ou l'Egoïsme, le prétendu droit de la force et de la conquête, la Domination et le Despotisme, l'assujettissement et l'Inégalité, lorsque, il y a dix-huit siècles, le Christianisme vint proclamer la *Fraternité* des Hommes et des Peuples, et avec elle, comme conséquences nécessaires, l'Égalité, la Liberté, la bienveillance universelle, le Droit et le Devoir, le dévouement à l'intérêt public ou général ou commun.

Que de résistances, que d'obstacles ce Christianisme ou ce principe de Fraternité rencontra dans l'ambition des Empereurs romains, dans l'Égoïsme des Aristocrates et des Prêtres du Paganisme, dans l'invasion des Barbares en Europe, dans l'établissement de la *Féodalité* et du *Servage !*

Que d'héroïques efforts, que de protestations généreuses il inspira jusqu'à la grande Réformation ou le Protestantisme du XVIe siècle !

Nous avons vu (T. I, p. 145) comment la Philosophie du XVIIIe siècle propagea les lumières et prépara la Révolution française.

Nous avons vu cette Révolution inscrire sur son drapeau et montrer au Monde ces mots libérateurs et organisateurs : *Liberté*, *Égalité*, *Fraternité*.

Nous avons vu Louis XVI, et surtout son frère le comte d'Artois, appeler la coalition étrangère et l'invasion contre la France.

Nous avons vu l'enthousiasme, les prodiges et les triomphes de la Démocratie, ses progrès pendant cinq ans pour la réalisation de l'Égalité et de la Fraternité, puis ses divisions, ses fautes et ses malheurs.

Après la Réaction Thermidorienne, le Directoire, le Consulat et l'Empire, qui avaient presque détruit les principes de la Révolution, nous avons vu la Restauration, ramenée par la Coalition étrangère, expulsée par l'indignation de l'armée et du Peuple, ramenée de nouveau par les baïonnettes Européennes, s'établir, avec sa Charte octroyée, au milieu des continuelles protestations du Pays, jusqu'à l'avénement, le 15 septembre 1824, de Charles X, depuis long-temps Chef du Gouvernement occulte.

§ 2. — Gouvernement occulte.

Ce sont des écrivains royalistes qui vont parler :

« Après 1815, des poltrons et des ambitieux, ayant inutilement proposé des moyens extrêmes à Louis XVIII, fondent une vaste *organisation secrète*, par laquelle le royaume est divisé *en gouvernements généraux*, correspondant aux divisions militaires, et ayant une *intendance* par département, une *subdélégation* par sous-préfecture, et une *centurie* par canton.

» Ces places sont occupées par des militaires de haut grade, des fonctionnaires initiés et de grands propriétaires appartenant à la noblesse.

» Chaque chef-lieu de division possède un *conseil* de douze personnes, prises par tiers dans les trois ordres de l'État.

» Un intendant, officier civil ; un grand-prévôt, officier militaire, sont les chefs de l'intendance, à laquelle est adjoint un ecclésiastique du rang le plus élevé parmi ceux du département.

» Un subdélégué, un commandant, un recteur et six conseillers, forment l'administration des arrondissements.

» Dans les centuries, trois chefs seulement achèvent de compléter cet ensemble.

» Tous les membres en sont liés par des *serments* et des cérémonies *religieuses*.

» Le comte d'Artois en est le roi, et Paris la capitale.

» C'est de là que partent des *dénonciations* cachées qui jettent le trouble dans les familles, des résistances dont le but est de *sauver les brouillons, les escrocs, et les brigands même qu'on emploie aux entreprises secrètes, aux duels de parti*, etc.

» Les *Jésuites* sont les premiers et les plus ardents fauteurs de cette criminelle entreprise; c'est par eux que l'on obtient des fidèles ces *dons* nombreux qui fondent le *Trésor* où l'on puise pour *solder l'enthousiasme de la canaille*, les frais des *correspondances* et des *ambassades* permanentes que le Gouvernement occulte entretient auprès des *Cours étrangères*. Ce parti ne veut rien moins que le RETOUR LE PLUS COMPLET AUX ABUS DE L'ANCIEN RÉGIME. » (*Mémoires d'une femme de qualité, sous la Restauration*, t. 3, p. 92 et 154.)

Et voici un autre écrivain royaliste :

« C'est ce Gouvernement occulte qui organise militairement la Vendée, pour y préparer des soutiens armés de la monarchie absolue.

» Ses membres, qui se disent royalistes purs, qui sont plus royalistes, non pas que le comte d'Artois, mais que Louis XVIII, et qu'on appelle *ultra-royalistes ou jacobins blancs*, provoquent les insurrections et les conspirations, afin d'avoir l'occasion de verser du sang, de répandre la terreur et de prouver que la liberté et la légalité sont impossibles.

» Ces mêmes hommes, qui crient tant contre le jugement de Louis XVI, conspirent contre le Roi, dont ils accusent le *libéralisme*, qu'ils appellent un *jacobin* et un *révolutionnaire*, et contre lequel ils vomissent les plus grossières injures. » (Montgaillard, t. 8, p. 368 et suiv.)

« Ces hommes, qui ne cessent d'exciter les troubles, les dissensions et les assassinats, font les plus grands efforts pour empêcher l'évacuation du territoire; ils ont la perversité d'envoyer aux ministres des souverains alliés et à ces souverains eux-mêmes des *notes secrètes* pour les engager à occuper indéfiniment le territoire français; ils représentent la nécessité de reconstituer l'ancien régime, qui seul, disent-ils, peut assurer la couronne sur la tête des Rois. Dans ces notes secrètes, monument de la plus insigne lâcheté, ces prétendus chevaliers français, ces prétendus fidèles serviteurs du Trône, calomnient le Trône et la Nation, appellent la vengeance des Rois contre la *Charte constitutionnelle* qui, suivant eux, légitime et continue la Révolution, ses injustices et ses forfaits; *ils désirent, provoquent et demandent le* DÉMEMBREMENT DE LA FRANCE !!! » (Montgaillard, t. 8, p. 429 et 430.)

Decazes résiste quelque temps aux efforts de ce Gouvernement occulte, et finit par être entraîné, puis écrasé par lui.

Tout en voulant le modérer, de Villèle est son instrument et son complice.

Mais quand le comte d'Artois, son chef, arrive au trône, il devient plus audacieux, et finit par marcher ouvertement au renversement de la Charte et des Lois.

§ 3. — Avénement de Charles X.

Charles X, c'est le comte d'Artois, fameux par les déprédations et les scandales de sa jeunesse, le défenseur le plus opiniâtre de l'Ancien Régime et de ses abus, l'ennemi le plus fougueux de la Révolution, l'instigateur et le chef de l'Émigration armée, le provocateur de la Coalition étrangère et de l'invasion, le chef du Gouvernement occulte et des ultrà-Royalistes, l'instrument ou le protecteur et le complice des Jésuites : c'est la *Contre-Révolution* personnifiée.

Aussi, son sacre à Reims, l'indemnité d'un milliard accordé aux Émigrés, les lois pour le droit d'aînesse et contre le sacrilége, et le projet de la loi *d'amour* ou plus tôt de haine contre la Presse, indignent et irritent sans étonner.

Il recule un moment et renvoie de Villèle, pour prendre un ministre plus conciliant, Martignac.

Mais bientôt il s'écrie : *Plus de concessions!* et appelle au ministère, le 8 août 1829, son homme de confiance, le prince de Polignac.

§ 4. — Ministère Polignac.

Le prince de Polignac (qu'on dit fils de Charles X), jadis

impliqué, comme complice de George et de Pichegru, dans la conspiration pour assassiner Bonaparte (T. IV, p. 497 et 503), est tellement contre-révolutionnaire qu'il a, dit-on, refusé de prêter serment à la Charte.

Il choisit pour principaux collègues *Labourdonnaie*, qui demandait des têtes et du sang par catégories en 1816, et *Bourmont*, accusé d'avoir déserté à l'ennemi quelques jours avant la bataille de Waterloo, et d'avoir été par sa trahison l'une des causes des désastres de la France.

— Voici la Contre-Révolution, les coups d'État, la destruction de la Charte et la violence! s'écrie-t-on aussitôt partout.

— Attendez nos actes, pour nous juger! répondent le Ministère et ses journaux.

— Nous ne vous connaissons que trop, leur réplique-t-on; et votre passé nous révèle votre avenir!

— Nous voulons sauver la Charte; et si, pour la sauver, il est nécessaire de la suspendre momentanément, nous la suspendrons pour son salut, parce que son article 14 nous en donne le droit et nous en impose le devoir. Aussi, s'il faut en croire M. de Polignac dans ses Mémoires, M. l'abbé de Genoude, directeur de la *Gazette de France* et depuis fondateur de *la Nation*, appellera-t-il les ordonnances non un *coup d'État*, mais un *coup de Charte*.

§ 5. — Art. 14 de la Charte.

« Le Roi est le chef suprême de l'État, commande les forces de terre et de mer, déclare la guerre, fait les traités de paix, d'alliance et de commerce, nomme à tous les emplois d'administration publique, et fait les règlements et *ordonnances* nécessaires pour l'*exécution des lois* et la *sûreté de l'État*. »

— Il est évident, disent les Ministres, que cet article donne au Roi le droit de faire des *ordonnances* qui suspendent la Charte et les lois, quand la sûreté de l'État lui paraît l'exiger.

— Il est évident, répond l'Opposition, que cet article ne

peut jamais lui donner le droit de violer la Charte et les lois.

— Nous l'interprétons ainsi, répliquent les Ministres.

— C'est une interprétation *odieuse!* dira bientôt le duc d'Orléans!

— Ce sera un coup d'État, s'écriera le Parti populaire, et alors nous refuserons l'impôt!

§ 6. — Refus d'impôt.

Partout, pendant quelques mois, on discute la question du refus d'impôt; on s'associe même pour le refuser en commun.

Le Ministère poursuit les associations devant les tribunaux; mais les plaidoiries et les discussions de la Presse achèvent de former l'opinion sur ces questions brûlantes.

— Si vous refusez l'impôt, dit enfin le Pouvoir, nous emploierons la Force.

— Nous repousserons la Force par la Force, répond l'Opposition.

Et pour préparer le combat et la victoire, Charles X décide l'expédition d'Alger, et fait un voyage dans les départements.

§ 7. — Expédition d'Alger.

Le Dey d'Alger ayant insulté le Consul français en lui donnant un coup d'éventail, Bourmont est chargé d'en aller tirer vengeance à la tête d'une flotte et d'une armée.

Punir ces Pirates et détruire leur puissance avec leur repaire, c'est une entreprise difficile et souvent tentée sans succès, mais qui paraîtra brillante et glorieuse si l'on réussit, et qui donnera le moyen de séduire l'armée et de gagner son dévouement pour accomplir le coup d'État.

Voilà comme la valeur des soldats et la gloire militaire sont exploitées pour opprimer la liberté!

Résolue malgré la jalousie anglaise, l'expédition réussira complétement: Alger sera pris; Bourmont y trouvera des trésors ; et si le coup d'État n'est pas précipité, il pourra venir l'exécuter lui-même.

En attendant, Charles X va voyager.

§ 8. — Voyage de Charles X.

Le Roi parcourt les départements pour échauffer ses partisans, pour être échauffé par eux, pour faire croire à la France et à l'Europe qu'il est adoré.

C'est le monde officiel qui le reçoit, c'est son Parti qui parle au nom du Peuple.

Un héros ne recevrait pas plus de témoignages d'admiration, de reconnaissance et d'amour....

Mais le véritable Peuple reste muet ; et tout à l'heure on verra ce que valent ces démonstrations, qui ne sont que des mensonges !

§ 9. — Lutte parlementaire. — Refus de concours.

On s'est déjà assuré la Pairie par une fournée de 76 nouveaux Pairs, qui donnent une majorité dévouée ; et si l'on peut compter aussi sur le dévouement de la Chambre élective, on avancera hardiment.

En ouvrant la session le 2 mars 1830, Charles X prononce ces paroles :

« Je ne doute point de votre *concours* pour opérer le bien que je veux faire : vous repousserez avec mépris les perfides insinuations que la malveillance cherche à propager. Si de coupables manœuvres suscitaient à mon Pouvoir des obstacles que je ne dois pas, que je ne veux pas prévoir, je trouverais la force de les surmonter dans ma *résolution* de maintenir la paix publique, dans la juste confiance des Français, et dans l'amour qu'ils ont toujours montré pour leur Roi. »

Et il parle même de son *immuable* volonté.

Mais, après une longue et vive discussion, 221 contre 181 députés répondent :

« La Charte a fait du *concours* permanent des vues politiques de votre Gouvernement avec les vœux de votre Peuple la condition *indispensable* de la marche des affaires publiques : Sire, notre loyauté, notre *dévoûment*, nous condamnent à vous dire que *ce concours n'existe pas.*»

C'est refuser son concours.

Le Peuple applaudit : mais au lieu de reculer, Charles X n'en est que plus décidé à tout briser par la violence.

D'abord seulement prorogée, la Chambre est dissoute le 16 mai (jour du départ de la flotte pour Alger), et la nouvelle Chambre, produit d'élections nouvelles, est convoquée pour le 3 août, avec la secrète résolution du coup d'État, si cette nouvelle Chambre n'est pas obéissante et dévouée.

Deux des Ministres, Courvoisier et Chabrol, qui désapprouvent ou qui craignent, cèdent la place à Chantelauze, Peyronnet et Capelle, qui veulent le coup d'État. — Chantelauze n'accepte même qu'à la condition expresse qu'on appliquera l'art. 14 et qu'on appellera Peyronnet. — « Songez, dit à celui-ci le Président du Conseil, que nous voulons appliquer l'art. 14. » — « C'est mon opinion, répond Peyronnet. »

Cependant, les 221 sont réélus, et par conséquent les Électeurs, comme la Chambre et comme le Pays, *refusent aussi leur concours.*

La lutte est manifeste ; c'est presque la guerre déclarée.

Et comme l'un des Ministres (Montbel) s'obstine encore à flatter le Roi en paraissant compter sur l'affection des Français pour leur Souverain : — « Vous êtes dans une erreur profonde », lui répond un autre Ministre (Guernon-Ranville), « les Français ont cessé d'aimer leurs Rois. »

La violence seule peut donc les maîtriser, et le coup d'État est toujours de plus en plus résolu.

§ 10. Incendies en Normandie.

De nombreux incendies ravagent la Normandie, y jettent l'épouvante et le désordre. Il n'y a qu'une voix pour les dénoncer comme l'œuvre infernale d'un Parti et pour en accuser le Parti royaliste, qui seul paraît assez organisé pour avoir des bandes incendiaires, et assez puissant pour leur garantir l'impunité ; car il est difficile de comprendre que, si les incendies étaient soudoyés par un Parti d'opposition, le Gouvernement, avec sa Police, ses soldats, ses Tribunaux et son armée de fonctionnaires, serait dans l'impuissance de découvrir les coupables, d'effrayer et de flétrir leurs directeurs et leurs complices, qu'il aurait tant d'intérêt à déshonorer !

Lors du procès des Ministres, l'accusation déclarera *vraisemblable* « que les incendies appartiennent à ceux qui ont poussé à l'adoption des fatales Ordonnances, qui ne cherchaient que des moyens de soulever les populations, de les mettre aux prises avec les troupes, et d'avoir un prétexte pour établir des Conseils de guerre et des Cours prévotales ». (1)

Nous le pensons donc, l'Histoire considérera ces incendies comme un prélude aux Ordonnances.

§ II. — Ordonnances du 25 juillet.

C'est dès le 7 juillet que le principe des Ordonnances est arrêté. On convient d'un secret absolu ; et, pour que rien ne puisse trahir ce secret, on évite beaucoup de mesures agressives ou défensives qui pouvaient être indispensables.

Sur un rapport rédigé par Chantelauze, le coup d'État est définitivement décidé le 24, dans un conseil de Ministres tenu à St-Cloud en présence de Charles X et du duc d'Angoulême.

Trois ordonnances sont rédigées, l'une qui suspend la liberté de la presse et surtout des journaux, la seconde qui dis-

---

(1) L'accusation ajoute :

» Au dessus du Ministère, au dessus du Roi lui-même, trop faible pour ne pas céder quand on lui parlait au nom du *Ciel*, s'était formée une Puissance que la religion du serment cachait à tous les yeux : on l'appelait *Gouvernement occulte*, *Camarilla*, *Congrégation*, *Jésuitisme*. Elle existait à la Cour, avait des ramifications en province, et faisait tout plier devant elle. Pour arriver à son but, elle ne craignait pas d'attaquer en même temps la fortune et la liberté des citoyens. Elle a perdu le Trône, qui avait consenti à l'appuyer.

» Un Pouvoir religieux, auquel le Roi, le Dauphin, peut-être M. de Polignac lui-même, obéissaient en aveugles, avait tout concerté, tout préparé avec eux. »

sout la nouvelle Chambre, la troisième qui règle les élections, qui donne presque au Roi la nomination des Députés et qui convoque une autre Chambre pour le 28 septembre.

Le lendemain 25, les Ordonnances sont signées par Charles X et par tous les Ministres.

Et l'on sait, par l'aveu de Polignac lui-même, qu'il est résolu à supprimer les Départements pour rétablir les anciennes Provinces: si le coup d'État réussit, c'est bien certainement la Contre-Révolution!

Nous ne nous arrêterons pas à constater les détails accessoires de ce grand événement ou plutôt de ce grand crime des 24 et 25, dans le château de St-Cloud. Que le duc d'Angoulême ait d'abord parlé contre les Ordonnances; que Charles X ait dit, à l'ouverture de la dernière séance: « *J.... F... qui ne signe pas!* » que Peyronnet ait dit: « *Je signe; mais, en signant, je sais que c'est ma tête que je vous donne* »; que d'Haussez, à qui le Roi aurait demandé ce qu'il cherchait d'un air inquiet, lui ait répondu: « *Je cherche si j'apercevrai ici le portrait de Strafford* (1) »; que nous importe que tous ces propos soient ou ne soient pas vrais? Un grand fait historique éclipse tous les autres: Charles X et ses Ministres signent les Ordonnances.

Polignac, Président du Conseil, Ministre des affaires étrangères et Ministre de la guerre en l'absence de Bourmont, est spécialement chargé de l'exécution. Sous ses ordres le duc de Raguse aura le commandement des troupes.

Ainsi, voilà un Roi (et quel Roi!) qui, avec sept Ministres (et quels Ministres!), joue les destinées d'une grande Nation! Quel immense crime!

§ 12. — Crime des Ordonnances.

Si la France se soumet, elle est enchaînée, esclave, déshonorée aux yeux de tous les Peuples.

---

(1) Ministre décapité du Roi d'Angleterre Charles Ier, décapité lui-même.

Si elle résiste, que de calamités vont peser sur elle! Que de sacrifices va lui coûter la victoire! Et si elle est vaincue, que de vengeances, que d'horreurs...!

§ 13. — Cruautés des ordonnateurs du coup d'État.

On prétend:

Que Peyronnet, voyant passer des canons, dira: « Voilà les *précepteurs* du Peuple »;

Que Polignac, parlant des fusillades commencées, dira lui-même: « Voilà qu'on *purge* la canaille »;

Que le même Polignac, ayant entendu le canon, et parlant à un officier d'artillerie (Blanchard), connu pour avoir une très belle voix et qui viendra de faire mitrailler, prononcera ces incroyables paroles: « Votre voix ne m'est jamais allée au cœur comme aujourd'hui »;

Que le même s'écriera: « Si la Ligne se joint au Peuple, il faut tirer sur la Ligne! »

Et que, apprenant que les insurgés se porteront sur la place Vendôme, il s'écriera encore: « Tant mieux! Ils sont *perdus!* »

On assure aussi que, pendant la fusillade et la mitraillade, Charles X jouera au Whist et ordonnera une brillante partie de chasse pour le lendemain.

Que ces faits soient ou ne soient pas certains, que nous importe encore? Toutes les violences, toutes les barbaries, les fusillades et les mitraillades, ne sont-elles pas acceptées, décidées, ordonnées en signant les Ordonnances? S'il faut mettre la capitale en état de siége, fusiller les Députés, noyer Paris dans son sang, le bombarder et le réduire en cendres, allumer la guerre civile en France, appeler encore une fois l'invasion étrangère, n'est-il pas certain qu'on est d'avance résigné à le faire pour rester vainqueur et maître?

Heureusement l'imprudence et l'aveuglement dans l'exécution égalent la barbarie et le crime dans l'intention!

§ 14. — Fautes de Polignac.

Si Polignac avait attendu le retour de Bourmont, comme il le lui avait promis ; si, comme il en avait d'abord le projet, il avait amené Charles X et la Cour à Orléans pour y publier les ordonnances ; s'il avait préparé la Vendée à l'insurrection pour soutenir la Royauté ; s'il s'était concerté avec les Rois étrangers, dont Charles X disait que c'était *l'affaire* autant que la sienne ; si, comme le proposera Guernon-Ranville à Trianon, il se retirait à Tours, après le premier échec ; si surtout il avait 40 à 50,000 hommes à Paris : qui peut dire ce qui arriverait ?

Mais Polignac semble aveuglé par la présomption, la témérité, l'esprit de vertige. Il paraît que les Gardes-du-corps, la Garde royale, les Suisses, la Ligne, la Gendarmerie, fourniront à peine de 7 à 14,000 combattants avec 40 pièces de canon, et que les troupes manqueront même de munitions de vivres.

D'autres, éclairés par ces fautes (car l'expérience profite aux Gouvernements plus encore qu'aux Nations), s'attacheront la Garde nationale, auront des bastilles, des casernes fortifiées, des corps de garde crénelés, une nombreuse garnison avec une formidable artillerie.

Heureusement Charles X prend moins de précautions pour subjuguer Paris ; et si la résistance n'est pas sans danger, elle assure du moins plus de chances de succès.

§ 15. — Chances de succès pour le Peuple.

D'un côté, Charles X se trouve réduit à l'Armée ; ses Nobles, ses Prêtres, ses partisans ne viendront pas le défendre ; Marmont et la Garde royale elle-même ne combattront qu'à regret les citoyens ; la Ligne, jalouse de la Garde privilégiée et surtout des Suisses, combattra plus mollement encore ; et la Garde nationale, actuellement licenciée, ne viendra ni encourager la troupe ni disperser le Peuple, tandis qu'une partie des Gardes nationaux viendront en uniforme échauffer l'enthousiasme populaire.

De l'autre côté, l'union et presque l'unanimité règnent dans le Parti national : les 221 insultés et menacés, les Electeurs insultés et menacés avec eux, la Garde nationale frappée de dissolution, la Presse tyrannisée, la Bourgeoisie et le Peuple, les Patrons et les Ouvriers, la Jeunesse des Écoles et du Commerce, les Républicains et les Napoléonistes comme les Orléanistes, les anciens Carbonari comme les membres de quelques Sociétés nouvelles, tous se trouveront naturellement entraînés par le même sentiment pour résister et renverser.

Puis, le Pouvoir est l'agresseur.

Puis, la menace est faite depuis long-temps ; depuis long-temps le cartel est accepté ; et quand les Ordonnances vont paraître, ce sera pour tous en même temps le signal du combat. Jamais duel entre une Nation et son Gouvernement n'aura été si formellement proposé, discuté, et préparé !

CHAP. II. — Révolution.

§ I. — Publication des Ordonnances.

C'est le lundi 26 que sont publiées dans le *Moniteur* les Ordonnances, décidées le 24 et signées le 25.

La Police en commence à l'instant l'exécution en fermant des imprimeries, en interdisant des journaux et des cabinets de lecture.

Aussitôt, l'émotion devient générale dans la Bourgeoisie, parmi les lecteurs des journaux, les électeurs, les Gardes nationaux, les journalistes, les imprimeurs, etc.

On court les uns chez les autres pour se communiquer son indignation ; on se réunit dans les bureaux des journaux, surtout du *National*, alors dirigé par Thiers, et dans les Comités électoraux.

Et l'on commence par protester.

§ 2. — Protestation de la Presse.

Une protestation rédigée dans le bureau du *National* par Thiers, Châtelain et Cauchois-Lemaire, déclare que la Presse résistera et provoque la France à la résistance.

Elle est signée par 44 écrivains représentant 12 journaux, le *National*, le *Constitutionnel*, le *Courrier Français*, le *Temps*, le *Commerce*, le *Globe*, la *Tribune*, la *Révolution*, le *Journal de Paris*, le *Courrier des Électeurs*, le *Figaro*, le *Sylphe*.

Tous ces journaux s'entendent pour trouver les moyens de l'imprimer : elle l'est malgré tous les obstacles, et circule dans Paris.

Cette unanimité de la Presse et cet exemple de courage vont tout entraîner.

Nous ne parlons pas des protestations dans les imprimeries fermées par la Police, ni d'une décision du Président du Tribunal de première instance (Debelleyme) déclarant les ordonnances illégales et prescrivant aux imprimeurs d'imprimer les journaux (1); ni de l'effroi de la Bourse, manifesté par une baisse subite de 4 francs, ni d'une espèce d'émeute dans la galerie du Palais-Royal, quand la Police vient y saisir des vers satiriques placardés au vitrage d'un cabinet de lecture; ni d'une autre espèce d'émeute dans le jardin, où des jeunes gens, montés sur des chaises, attaquent les Ordonnances.

Nous ne parlons pas non plus ici d'une première réunion, chez M. Delaborde, des Députés présents à Paris, dans laquelle plusieurs se prononcent énergiquement pour la résistance.

Tous ces faits accessoires ne seraient rien si la population entière n'était pas alors profondément embrasée du sentiment révolutionnaire.

Mais, dès le 27, tout s'ébranle; et le 29, après trois jours d'un héroïque combat, le Peuple reste vainqueur.

§ 3. — Trois journées, 27, 28 et 29.

Laissons parler *les Débats* :

« Ce fut le mardi 27 que la bataille commença.

» Dès le matin, le Peuple avait été excité par le déplorable spectacle des journaux confisqués et des presses brisées.

» Mais déjà la force armée avait sa consigne et son chef. Elle était persuadée que deux ou trois décharges de mousqueterie soumettraient la France au premier mouvement qu'elle ferait sur les citoyens.

» ..... Le Palais-Royal est fermé. Le Peuple s'indigne : au lieu de fuir, il marche aux troupes; quoique sans armes, il résiste, il se bat, il affronte le feu, il se fait tuer, et la rue Saint-Honoré est couverte de sang.

» ..... Polignac se croit vainqueur... *Gloire à vous!* lui disent les courtisans, *malheur aux libéraux!* Laissez faire le reste au maréchal Marmont... On se félicite, on s'embrasse à Saint-Cloud.

---

(1) Le Tribunal de Commerce rend un jugement dans le même sens.

» Cependant mercredi, dès le matin, toute la ville est en armes... les rangs se forment, les citoyens se cherchent des chefs.

» ..... Déjà les postes intérieurs sont emportés; le drapeau tricolore remplace l'autre drapeau; les corps-de-garde se vident; les sentinelles ennemies se replient. Les deux armées se trouvent en présence à la place de Grève; les troupes défendent l'Hôtel-de-Ville et les citoyens l'attaquent; un instant les *Français* en sont les maîtres; l'instant d'après, ce sont les *ennemis;* il est repris, abandonné et repris plusieurs fois... C'était une belle journée, une journée de gloire et de triomphe!... Paris se promettait déjà la victoire du lendemain...

» Mais pendant que le Peuple, qui venait de se battre, se reposait de ses fatigues, prêt à recommencer dans quelques heures, il y avait dans la ville des hommes qui passaient une nuit horrible: c'étaient les *prévoyants et les sages.* Ils se rappelaient les maux qu'entraînent les guerres civiles, le sang, l'anarchie, la famine, les excès de toutes sortes; ils se rappelaient aussi les *violences des cours*, les *réactions*, les *commissions militaires*, les *prisons*, l'*exil*, l'*échafaud;* ils se figuraient la cour de Saint-Cloud arrivant avec toutes ses forces, et mettant la ville *à feu et à sang;* ils tremblaient que le Peuple ne fût vaincu ce jour-là; car, s'il était vaincu, ils voyaient *toutes les lois perdues*, le Pouvoir *absolu à la place de la Charte*, tous les *fruits de la Révolution détruits à jamais*, la France *déshonorée et méprisée* comme un peuple conquis, le vieux *despotisme* des *courtisans* et des *prêtres* pesant sur elle, tant de grands intérêts livrés à quelques heures de combat.

» Cependant le peuple se réveillait et reprenait ses armes. Dans ces grands mouvements qui changent le monde, *rien n'est sage comme l'instinct du Peuple :* une fois qu'il s'est jeté dans la lice, *laissez-le faire;* ne l'arrêtez pas par vos prévisions menaçantes, par vos conseils intempestifs; faites-lui grâce de votre expérience inutile : le Peuple saura bien y avoir recours quand il en aura besoin.

» Toutes les rues étaient barricadées. Sur les boulevards les barricades se faisaient avec des arbres coupés par le pied, quelques uns restaient debout pour être précipités sur les troupes *rebelles*..., les pavés étaient portés au sommet des maisons pour servir de projectiles.

» Nous sommes au jeudi 29...

» ..... Dès le matin, la foule s'était emparée de toutes les armes qu'elle avait pu trouver. Elle avait *arraché* aux théâtres toutes les armes destinées aux évolutions d'opéra et de mélodrames. Elle avait *désarmé* les gendarmes, les soldats de la ligne, les vétérans, les pompiers; *ces braves gens étaient heureux de rendre des armes dont ils ne voulaient pas se servir contre des citoyens.*

» Déjà le Peuple s'ébranlait pour aller au *Louvre* et aux *Tuileries*, quand un renfort inespéré lui arriva : les Élèves de l'*École polytechnique* avaient *forcé les portes de leur école.* Ces braves ont été salués avec transport. — Je suis votre chef, disait l'un, et il montait sur un cheval. — Général, disait l'autre, je suis votre aide-de-camp, et il se mettait un foulard jaune à la ceinture en guise d'écharpe.

» A onze heures, le Louvre était enlevé. — C'est un élève de l'École polytechnique qui l'a pris, c'est un héros de vingt ans...

» ..... Enfin, à une heure, Paris était vainqueur... Toute la ligne s'était rendue, toute la gendarmerie, et plusieurs corps de la garde royale...

» Jamais, disent les vieillards, ils n'ont rien vu de pareil. Dans la révolution de 89, les combats les plus acharnés du Peuple n'ont jamais duré qu'un jour; et d'ailleurs qu'est-ce que 89 lui-même suivi de 93, comparé aux 27, 28 et 29 juillet? Ici *point de proscrits, point de meurtres, point de pouvoir usurpé par le Peuple, point de temples profanés*, et, pour célébrer la victoire, des funérailles sans faste, une croix de bois vis-à-vis cette colonnade dont les Parisiens étaient si fiers, que les Suisses les ont forcés de mutiler, et dont ils seront plus fiers que jamais. » (Article des *Débats* répété dans le *Moniteur* du 3 août.)

C'est la prise des Tuileries qui achève la victoire de l'Insurrection. Les vainqueurs y entrent en foule, pendant que les Suisses fuient en désordre; des Travailleurs, transformés depuis trois jours en soldats de la Liberté, s'asseoient sur le trône comme pour indiquer que le Peuple vient de reconquérir sa Souveraineté, puis y placent un cadavre pour indiquer la mort de la Royauté, tandis que le drapeau tricolore, remplaçant le drapeau blanc sur l'ancien palais de la Monarchie féodale, indique à Paris que la Contre-Révolution est vaincue par la Révolution.

Rien ne pourrait peindre fidèlement Paris pendant ces trois longs jours et ces trois longues nuits. L'éclat et la chaleur du soleil, le bruit des fusillades, du canon et du tocsin, les innombrables barricades, les rues dépavées, les pavés et les lumières aux croisées, les arbres coupés et étendus sur les boulevarts, les maisons occupées, ici par des gardes royaux fusillant les citoyens, là par des citoyens fusillant la troupe, et cette immense bataille dans une ville immense, entre une armée de soldats et une immense population.

Il faudrait un volume pour raconter tous les combats partiels, tous les petits siéges, tous les petits assauts, tous les actes de bravoure et d'héroïsme.

Nous ne nous arrêterons donc ni sur la prise de l'Hôtel-de-Ville, ni sur celle de la caserne de Babylone, ni sur celle de l'Archevêché, ni sur les combats de la rue Saint-Antoine et des portes Saint-Denis et Saint-Martin, ni sur le dévouement du jeune Arcole, tombant criblé de balles en plantant un drapeau tricolore au milieu du pont qui portera son nom.

Nous nous attacherons seulement aux faits les plus instructifs.

§ 4. — Toute la Population prend part au combat.

Tandis que personne ne soutient, n'aide et n'encourage l'armée de Charles X, personne ne désapprouve et n'entrave les insurgés, personne ne les dénonce, ne les arrête, ne tire sur eux ou leur ferme ses portes.

Au contraire, les chefs du Commerce et de l'Industrie poussent leurs ouvriers dans la rue et les excitent au combat; les femmes et les enfants se joignent aux hommes; l'Étudiant se mêle avec le Travailleur; partout ceux qui ne peuvent combattre font des balles, de la poudre et des cartouches pour les combattants, ou leur portent des rafraîchissements et des vivres, ou pansent leurs blessures, ou protégent leur retraite en cas d'échec, et leur prodiguent les encouragements. On peut dire que tous combattent, et chacun à sa manière!

Voilà une véritable insurrection! Voilà ce qui peut entraîner les soldats dans les rangs du Peuple, et ce qui lui donne de véritables chances de victoire!

Mais le nombre ne suffit pas. Quand l'heure du danger est

arrivée, les plus intrépides eux-mêmes sentent la nécessité d'une direction. Quels sont donc ici les chefs ?

§ 5. — Faux Gouvernement provisoire.

Quelques citoyens s'avisent de proclamer et de publier la nomination d'un *Gouvernement provisoire*, composé de *Lafayette*, du général *Gérard* et du duc de *Choiseul*.

C'est une ruse de guerre, car aucun d'eux n'a été consulté et n'a consenti.

Mais ces noms sont imposants; et quoique le mensonge soit rarement utile, la fausse annonce d'un Gouvernement provisoire rassure, encourage, et l'ombre seule d'une direction double la confiance et l'audace des insurgés.

Des Municipalités insurrectionnelles remplacent partout les Mairies royales, tandis que des citoyens s'installent, quoique inconnus, à l'Hôtel-de-Ville, et qu'un ancien général, dont personne alors ne connaît le nom (Dubourg), se présente en uniforme et se fait accepter comme commandant.

Partout le sentiment de la discipline se joint au plus admirable désintéressement.

§ 6. — Désintéressement du Peuple.

— Qu'on donne cinq francs à chacun de ces hommes, dit un chef de l'Hôtel-de-Ville, en parlant de 200 Ouvriers qui viennent de prendre la caserne de Babylone en y bravant la mort, et pour lesquels on demande des vivres.

— Ce n'est pas pour de l'argent que nous combattons, répondent ces héroïques soldats du Peuple : qu'on nous donne seulement du pain !

Puis, aux Tuileries, comme à Rambouillet plus tard, ce sont ces Prolétaires si méprisés des riches, qui gardent et apportent à la caisse nationale les trésors dont leur courage a fait la conquête ;

Et dans l'hôtel Laffitte... Écoutez ce qu'en dit Sarrans (dans son livre intitulé : *Lafayette et la Révolution de* 1830) :

« C'était un spectacle inouï que celui de l'hôtel Laffitte, de ces somptueux appartements encombrés de richesses, de ces tables couvertes d'argenterie, de cette caisse à millions, de cette foule sans cesse renouvelée d'inconnus, d'ouvriers, de soldats, de riches, de pauvres, circulant autour de tout cela, le jour, la nuit, et dans un moment où la société paraissait en dissolution, sans qu'un écu, une cuiller à café, fussent soustraits par des hommes que protégeait l'impunité la plus assurée. Souvent sans veste et sans souliers, harassés de fatigue, émus de colère, les soldats de la Liberté demandaient des cartouches, des ordres, des chefs, quelquefois un morceau de pain; mais ils ne voyaient ni l'or, ni les objets précieux, qui, jetés pêle-mêle, sollicitaient de toutes parts leur héroïque pauvreté. »

Les combattants fusillent même, sur place et sur l'heure, deux ou trois malheureux que la misère a poussés à s'emparer de quelques objets qui ne leur appartiennent pas. Sévérité terrible et qui peut paraître cruelle! Mais que le mal serait autrement grand si le Peuple s'était montré moins inexorable! Puisqu'on le calomniera malgré toutes ses vertus, que de calomnies n'accumulerait-on pas sur lui s'il était moins vertueux! Non, jamais de vol, jamais de pillage, jamais de vengeance! et l'immortelle gloire du Peuple de Paris, dans ces trois journées, sera d'avoir au plus intrépide courage uni le désintéressement et la générosité.

Aussi, que d'hommages rendus d'abord à la Population parisienne!

§ 7. — Hommages au Peuple de Paris.

Nous avons déjà vu l'admiration des *Débats*.

Les autres journaux, Lafayette, la Commission municipale, le Lieutenant-général, Louis-Philippe, les Chambres et toutes les Autorités, sont unanimes pour rendre hommage à l'héroïsme, à la générosité et aux vertus civiques de la Jeunesse et du Peuple. Ecoutons-les :

National du 30 juillet, rédigé par Thiers et Mignet. — « Parisiens,... vous avez été toujours les plus *braves* et les plus *héroïques* des hommes... Aucune journée, depuis quarante ans, n'a été aussi belle que celle d'hier. Il n'y en a de pareille dans l'histoire d'aucun peuple..,

Honneur ! honneur à vous, braves Parisiens ! Encore un jour, et par vous la France est libre et respectée ! »

Même journal. — « Il n'y a point de termes qui puissent rendre l'impression qu'a produite la conduite du *Peuple de Paris* sur ceux qui l'ont observée dans les journées d'aujourd'hui et d'hier.

» *Injustes que nous étions!* nous le croyions désintéressé dans les questions constitutionnelles qui, depuis quinze ans, s'agitent entre nous et la contre-révolution...

» ... Mais *ce Peuple, exclu des colléges électoraux, et condamné à l'ilotisme politique* par la trop prudente timidité de nos institutions; ce Peuple avait merveilleusement compris qu'une Chambre des Députés n'est pas faite pour recevoir les lois de la Royauté, mais au contraire pour soumettre cette Royauté aux volontés nationales...

» Il faut ajouter encore qu'on a bien vu que ce Peuple n'était plus celui de l'ancien régime, mais celui que la Révolution a formé. Le Peuple n'a point égorgé ceux qui tombaient entre ses mains ; il a été *clément* autant que *brave;* il a traversé les appartements des Tuileries *sans détruire, sans piller, sans rien emporter.* Il a arboré sur la demeure des rois l'étendard tricolore...

» En un mot, *c'est le Peuple qui a tout fait* depuis trois jours : il a été *puissant et sublime;* c'est lui qui a vaincu, c'est *pour lui que devront être tous les résultats de la lutte.* »

Retenons bien ces dernières paroles de ce Thiers qui sera Premier Ministre un jour ; et si la Bourgeoisie s'empare seule de tous les fruits de la victoire populaire sans laisser aucun résultat pour le Peuple, l'Histoire ne pourra-t-elle pas dire que ce sera une révoltante injustice, une noire ingratitude?

Proclamation du Gouvernement provisoire aux habitants de Paris, du 31 juillet. — « Quel Peuple au monde *mérita mieux la liberté!* Dans le combat vous avez été des *héros;* la victoire a fait connaître en vous ces sentiments de *modération* et d'*humanité* qui attestent à un si haut degré les *progrès de notre civilisation ;* vainqueurs et livrés à vous-mêmes, sans police et sans magistrats, *vos vertus* ont tenu lieu de toute organisation judiciaire; jamais les droits de chacun n'ont été plus religieusement respectés.

» Habitants de Paris, nous sommes *fiers d'être vos frères ;* en acceptant des circonstances un mandat grave et difficile, votre Commission municipale a voulu s'associer à votre dévoûment et à vos efforts; ses membres éprouvent le besoin de vous exprimer l'ADMIRATION ET LA RECONNAISSANCE DE LA PATRIE.

» Leurs sentiments, leurs principes, sont les vôtres: au lieu d'un pouvoir imposé par les *armes etrangères*, vous aurez un Gouvernement qui vous devra son origine : *les vertus sont dans toutes les classes;* toutes les classes ont les *mêmes droits :* ces droits sont assurés.

» Vive la France ! vive le Peuple de Paris ! vive la Liberté !

» *Signé* LOBAU, AUDRY DE PUIRAVEAU,
MAUGUIN, DE SCHONEN. »

Gouvernement provisoire. Deux arrêtés du 4 août. — « Une commission sera chargée de recueillir les *traits notables* qui se sont passés dans les derniers événements.

» Il sera élevé des *monuments funéraires* sur tous les lieux où repose la dépouille mortelle des citoyens morts pour la Patrie. L'Académie des Beaux-Arts est chargée de nommer une commission qui proposera le plan de ces monuments. » — (*Moniteur* du 5 août.)

» Il sera publié une *narration officielle* de tous les traits d'*héroïsme et d'humanité* qui ont *illustré* les dernières journées de Juillet. » (*Moniteur*, 6 août.)

Proclamation d'A. Delaborde, nouveau Préfet de Paris, du 30 juillet. — « Braves habitants de Paris ! chers concitoyens !.... qui peut se flatter de mériter le rang de premier magistrat d'une population dont la *conduite héroïque vient de sauver la Liberté et la Civilisation ;* d'une population qui réunit dans son sein tout ce que le commerce, la propriété, la magistrature, les sciences et les arts, ont de plus distingué ! Mais c'est vous surtout, dont *on ne peut assez faire l'éloge et protéger les intérêts,* citoyens industrieux *de toutes les professions*, vous dont les efforts spontanés, sans guide, sans plan, ont su trouver les moyens de résister à l'oppression, et *de ne pas souiller d'une seule tache la victoire.* » (*Moniteur* du 1er août.)

Le nouveau Préfet de Paris le déclare solennellement, le nouveau Gouvernement ne pourra jamais *assez protéger les intérêts du Peuple!*

Proclamation de Girod de l'Ain, préfet de police, aux habitants de Paris. — ..... « Continuez à donner l'exemple de *toutes les vertus civiques*, après avoir montré votre *intrépidité* dans le combat. » (*Moniteur* du 2 août.)

Ordre du jour de Lafayette à la garde nationale de Paris, du 5 août. — « Tant de *prodiges* ont signalé la dernière semaine que, lorsqu'il s'agit de *courage et de dévoûment*, on ne peut plus s'étonner de rien. Le général en chef croit néanmoins devoir exprimer la *reconnaissance publique* et la sienne pour la promptitude et le zèle avec lesquels la garde nationale et les corps volontaires se sont précipités sur la route de Rambouillet pour mettre fin à la dernière résistance de l'ex-famille royale....

» Au milieu des services rendus à la Patrie par la population parisienne et *les jeunes gens des Écoles*, il n'est aucun bon citoyen qui ne soit pénétré d'*admiration*, *de confiance*, je dirai même *de respect*, à la vue de ce *glorieux uniforme de l'École polytechnique* qui, dans le moment de crise, a fait de chaque individu une puissance pour la conquête de la Liberté. » (*Moniteur*, 6 août.)

Moniteur du 9 *août*. — « Tous les *jeunes gens* attachés au Jardin des Plantes, aussitôt qu'ils ont appris que leurs bras pouvaient être utiles à la cause de la Patrie, se sont armés spontanément et portés sur tous les points du danger, ayant à leur tête un élève de l'École polytechnique. Leur *philanthropie* après la victoire n'a pas été moins grande que leur *courage*. »

Réponse du lieutenant-général à M. Séguier, président de la Cour royale. — « ..... J'espère que mes enfants se montreront dignes condisciples de cette *glorieuse jeunesse* qui vient de déployer une *énergie sublime* pour la défense de *ses droits* et *de ses foyers*. » (*Moniteur*, 9 août.)

« L'*École de médecine*, au nombre de 1,500 élèves, est venue saluer *le Roi*, dans son palais. Cette *jeunesse si active et si brave* se serrait en foule autour du monarque, heureux de se sentir pressé par ces *cœurs généreux* qui avaient contribué à *sauver la Patrie*, dont ils sont une *des plus belles espérances*. » (*Moniteur*, 10 août.)

Réponse du Roi aux élèves de l'*École de droit*. — « Je reçois avec attendrissement l'expression des sentiments de l'École de droit. *J'admire le patriotisme* avec lequel elle a concouru à l'héroïque défense de Paris. Messieurs, JE SUIS A VOUS A LA VIE ET A LA MORT. » (*Moniteur*, 11 août.)

Discours de Châteaubriand à la chambre des pairs. — « Non, Messieurs, nous n'avons à craindre *ni ce Peuple dont la raison égale le courage*, ni cette *généreuse jeunesse que j'admire*, avec laquelle je sympathise de toutes les facultés de mon âme, à laquelle je souhaite, comme à mon Pays, Honneur, Gloire et Liberté. » (*Moniteur*, 11 août.)

Autre discours de Chateaubriand le 7 *août*. — « Jamais défense ne fut plus *juste* et plus *héroïque* que celle du Peuple de Paris ; il ne s'est point soulevé contre la Loi, mais pour la Loi. Tant qu'on a respecté le pacte social, le Peuple est demeuré paisible ; mais, lorsqu'après avoir menti jusqu'à la dernière heure, on a tout à coup sonné la servitude ; quand la conspiration de la bêtise et de l'hypocrisie a soudainement éclaté ; quand une terreur de château, organisée par des eunuques, a cru pouvoir remplacer la terreur de la République et le joug de fer de l'Empire, alors ce Peuple s'est armé de son intelligence et de son courage ; il s'est trouvé que ces boutiquiers respiraient assez facilement la fumée de la poudre ; et qu'il fallait plus de quatre soldats et un caporal pour les réduire : un siècle n'aurait pas autant mûri un Peuple que les trois derniers soleils qui viennent de briller sur la France. »

Discours de Barthe, procureur du Roi, prononcé à l'audience du 11 août, lors de son installation. — ..... « Au sein de cette lutte immortelle, une classe entière s'est manifestée avec des *vertus* ignorées, il faut le dire, jusqu'à ce jour. Accoutumés à ne trouver que dans la fortune ou dans les emplois publics des garanties d'ordre et de sagesse, nous semblions environner d'une sorte de défiance *cette classe d'hommes qui ne doivent leur existence qu'aux travaux de leurs mains*, mais qui, au milieu même de ces travaux, n'*étaient point restés étrangers au mouvement progressif de notre époque*. Tout à coup vous les avez vus, au signal de la destruction donné par un Gouvernement qui se frappait lui-même, *combattre pour la Liberté* avec un *courage* qui s'est joué de la discipline militaire ; vous les avez vus vainqueurs et armés, sans loi, sans police, sans autre retenue que *le sentiment de la sainteté de leur cause* et cet *amour d'ordre légal qui a jeté parmi nous de si profondes racines*, montrer, après la victoire, une *modération*, une *sagesse*, un *respect pour les droits de tous*, un *désintéressement*, qui attestent à la fois et la *plus haute moralité* et les progrès de la civilisation dont la France, plus qu'aucune autre nation, à le droit de s'énorgueillir. » (*Gazette des Tribunaux* du 11 août.)

C'est Barthe, ce Barthe qui sera Ministre, qui proclame ainsi les vertus, les progrès, l'amour de l'ordre, la sagesse, le désintéressement et la moralité des Travailleurs et des Prolétaires !

Proposition de Bavoux. — « ..... Honneur, honneur aux *vertus civiques* de la Capitale, à son *héroïsme*, et à la *grandeur* qu'elle a montrée dans la *victoire !* — Je soumets à la Chambre la proposition suivante : — « La Chambre des Députés vote des *remerciements* à la ville de Paris. — Elle invite le Gouvernement à s'occuper d'un monument digne de transmettre à la postérité la plus reculée l'événement qu'il est destiné à consacrer. » Il portera l'inscription :

« A la ville de Paris, la *France reconnaissante*. »

Cette proposition est adoptée par acclamations.

Trois ordonnances du 6 août. — Considérant les *services distingués* que les élèves des *Écoles polytechnique, de droit* et *de médecine*, ont rendus à la cause de la Patrie et de la Liberté, et la part *glorieuse* qu'ils ont prise aux *héroïques journées* des 27, 28 et 29 Juillet, avons accordé..... douze croix d'honneur à la première, quatre à la seconde, et quatre à la troisième.

Les élèves remercient, déclarant qu'ils n'ont que rempli un *devoir national*, et que d'ailleurs tous l'ont également rempli.

Rapport de Jars sur la proposition relative aux récompenses nationales. —..... « Je ne dirai point cependant tout ce qu'il y a de *beau*, de *grand*, de *généreux*, dans ces mémorables journées des 27, 28 et 29 Juillet, il serait difficile de choisir entre tant de hauts faits, entre tant de modèles d'un courage *inouï* et d'*une vertu sans égale;* chaque arrondissement a eu ses héros dont il se glorifie; on retrouve partout les mêmes traits d'*héroïsme* et de *désintéressement*....... » (*Moniteur* du 18 août.)

Discours de Charles Dupin sur la même proposition. —..... « Lorsqu'il arrive, comme aujourd'hui, qu'une dynastie est fondée par suite de *l'héroïsme des ouvriers*, la dynastie doit fonder quelque chose pour la postérité de *ces ouvriers héroïques.* » (*Moniteur* du 19 août.)

C'est Charles Dupin qui reconnaît que la Dynastie sera fondée par l'*héroïsme des Ouvriers*, et que ce sera pour elle un devoir de fonder quelque chose pour la postérité de ces Ouvriers héroïques!

Tels sont les hommages d'admiration et de reconnaissance unanimement rendus à l'héroïsme, surtout à la générosité et aux vertus civiques de la Jeunesse, des Ouvriers et du Peuple.

Pourrait-on en effet n'être pas reconnaissant envers des citoyens qui viennent de braver si généreusement la mort pour sauver la Liberté? Les *deux cent vingt-un* surtout pourraient-ils se montrer complétement ingrats envers ceux qui viennent de les arracher tous à la proscription ?

Et quand on réfléchit sur les maux causés par la faction contre-révolutionnaire depuis 1789 et depuis 1814, sur la tyrannie dont les ordonnances sont les avant-coureurs, sur les immenses périls de la résistance, sur le nombre des victimes immolées en défendant la Liberté (six ou sept mille), sur la haine, la colère et la vengeance qui pourraient animer les combattants, sur les précautions que le Peuple pourrait croire nécessaires à sa sécurité, est-il possible de ne pas admirer sa modération et sa générosité ? Et que l'admiration doit être plus grande encore aujourd'hui quand à cette *générosité populaire* on compare *la royale barbarie* de don Miguel, de Ferdinand, de Nicolas, du duc de Modène, du prétendu père des chrétiens, en un mot, des Monarques contre les Patriotes !

Oui, cette générosité tient du miracle et du prodige ; c'est un bonheur inappréciable, c'est l'un des plus heureux événements que l'Histoire ait à célébrer : car, lors même que le Peuple est réduit au cas de légitime défense, lors même qu'il n'oppose que quelques jours de colère à des siècles d'oppression, sa violence excite d'éternelles accusations exploitées pour lui faire des ennemis ; mais aujourd'hui, sa victoire est empreinte d'un caractère tout nouveau de grandeur et de magnanimité qui lui fait mieux sentir sa propre dignité, qui lui impose en quelque sorte l'obligation d'être désormais plus vertueux encore, qui lui attire les applaudissements de toutes les nations, et qui lui procure une puissance morale dont l'effet est incalculable.

Ah ! qu'ils seront responsables envers la France et l'Humanité ceux qui, au lieu de tirer les conséquences de cette générosité sublime, accableront plus tard ce même Peuple, ces mêmes Ouvriers, et cette même Jeunesse, de dédains, de calomnies, d'outrages et de violences !

Nous verrons encore le Peuple braver tous les périls pour expulser définitivement Charles X de Rambouillet, et en ramener les carrosses de la Cour et les diamants de la Couronne, évalués à plus de 80 millions : là finira son rôle.

Puis, nous le verrons victime de l'égoïsme et de l'ingratitude de la Bourgeoisie, victime de sa confiance, victime de son ignorance des hommes et des choses : là sera l'une des plus grandes leçons de l'Histoire.

Revenons au 26 juillet, pour voir la conduite de la Bourgeoisie, des Députés, de la Garde nationale, des troupes, des amis des Bourbons, du duc de Raguse, des Ministres, de Charles X et du duc d'Orléans.

§ 8. — Egoïsme de la Bourgeoisie.

Toujours, sous l'Ancien Régime, la Bourgeoisie s'est tenue séparée des Prolétaires ou du Peuple proprement dit. Quand elle a paru faire cause commune avec le Peuple, c'était dans l'intérêt bourgeois, et non dans l'intérêt populaire ; pour abaisser l'Aristocratie ou se faire Aristocrate elle-même, et non pour élever la classe déshéritée.

En 1789, et malgré la Déclaration des Droits, la Bourgeoisie (nous l'avons vu, t. 1, p. 324 et 344) n'appela le Peuple que parce qu'elle avait besoin de son courage et de sa force, pour s'en servir et l'exploiter; mais dès que, délivrée par lui et mise en possession du pouvoir, elle se crut assez puissante pour le maîtriser, elle le replongea dans la servitude et la misère, sous le titre de citoyen *passif*.

Le Peuple reconquit ensuite l'*Égalité;* mais ce ne fut que pour un moment : la Réaction thermidorienne et les malheureuses émeutes de germinal et prairial (t. 4, p. 202, 217, 226, 231) le chassèrent de la Garde nationale, des élections et des assemblées, et le remirent sous le joug de la Bourgeoisie, sans lui laisser aucun droit.

Le Directoire, le Consulat, l'Empire, la Restauration, consolidèrent toujours davantage la domination bourgeoise et l'asservissement populaire.

Et quand les despotiques Ordonnances menacent la Bourgeoisie de la replacer sous le fouet de l'Aristocratie nobiliaire et sacerdotale, les Bourgeois se jettent encore ou se laissent aller dans les bras du Peuple, parce que son appui leur est nécessaire; mais ils ne l'appellent qu'avec effroi, avec défiance, avec le désir impatient de l'enchaîner de nouveau, inévitable effet d'une vieille organisation sociale basée sur l'individualisme et l'égoïsme!

Quelle gloire pour la Bourgeoisie française et pour la France si, comme récompense du courage, du dévoûment et des vertus du Peuple, cette Bourgeoisie proclamait alors l'Égalité et la Fraternité!

Quel bonheur aussi pour cette Bourgeoisie autant que pour ce Peuple! car leur fusion égalitaire et fraternelle assurerait leur commune sécurité et leur prospérité commune.

Beaucoup d'esprits avancés et de cœurs généreux, dans la Bourgeoisie, accepteraient avec empressement cette Fraternité nationale.

Mais malheureusement la masse bourgeoise est encore trop peu éclairée, trop imbue de préjugés et de préventions, pour considérer les Travailleurs comme ses égaux et ses frères; les mots *Égalité* et *Fraternité* ne seront pas même prononcés dans aucune circonstance officielle!

Nous verrons cet égoïsme bourgeois inspirer les Députés (bourgeois) et la Garde nationale (bourgeoise).

§ 9. — Réunions des Députés.

Dès le 26, quelques uns des 221 qui se trouvent à Paris se réunissent chez Alexandre Delaborde; puis le 27, chez Casimir Périer; puis le 28, à midi, chez Audry-Puiraveau; puis le même jour, à 4 heures, chez Bérard; puis le même jour encore, à 11 heures du soir, chez Audry-Puiraveau; puis le 29, dès le matin, chez Laffitte; puis le 30, à midi, au Palais-Bourbon.

Des Electeurs et des Citoyens viennent les encourager et les presser de se mettre à la tête de l'Insurrection.

§ 10. — Députés qui s'opposent à l'Insurrection.

Dès le 26, Casimir Périer, Sébastiani, les deux Dupin,

Méchin, Bertin de Vaux, Villemain et Guizot, s'opposent à l'insurrection, et veulent qu'on reste dans la légalité, quoique violée par Charles X. Tous se soumettent aux Ordonnances; et comme l'une d'elles prononce la dissolution de la Chambre, tous déclarent qu'ils ne sont plus Députés. Ils demandent qu'on se borne à écrire au Roi une lettre respectueuse pour le supplier de révoquer ses Ordonnances, comme si Charles X et Polignac ne devaient pas se moquer de leurs supplications. Le 28, enhardis par les progrès de l'insurrection, ils iront jusqu'à proposer une protestation, tout en parlant de leur inviolable fidelité, comme si Charles X ne devait pas s'en moquer encore! Sébastiani particulièrement s'oppose à ce qu'on prenne la cocarde tricolore, affirmant que la cocarde blanche est la seule cocarde nationale. Tous ces hommes sont le type de la Bourgeoisie égoïste qui proclame le principe de *Chacun chez soi, chacun pour soi*, sans avoir dans le cœur aucun sentiment populaire.

Polignac connaissait si bien l'ambition de Casimir Périer et de Sébastiani, qu'il leur a offert, après le 8 août, des portefeuilles, qu'ils auraient acceptés, si leurs amis, plus indépendants qu'eux, ne leur avaient pas refusé leur appui.

Mais Casimir Périer est en correspondance avec Charles X, qui le demandera pour négocier un armistice, et qui bientôt le choisira pour un de ses ministres.

Tous ces Députés espèrent donc rentrer en grâce avec Charles X, et s'efforcent de paralyser l'Insurrection qui peut les compromettre; mais, quand l'Insurrection sera victorieuse, et quand Charles X sera remplacé par le duc d'Orléans, ce sont eux qui seront les premiers autour du prince pour devenir ses ministres! Et le Peuple, trompé par leurs beaux discours de tribune, les regardait comme ses amis, et portait en triomphe ce Casimir Périer qui trahira l'Insurrection!

§ II. — Députés qui soutiennent l'Insurrection.

Audry de Puiraveau, Mauguin, A. Delaborde, Bérard, Laffitte, Lafayette, Daunou, Labbey-Pompieres, Bernard,

Bavoux, Chardel, de Schonen, Marchal, Duchaffaut, veulent se mettre à la tête de l'Insurrection ; et plusieurs d'entre eux, Mauguin et Audry de Puiraveau, montrent beaucoup de résolution et d'énergie.

Malheureusement, tous ces hommes ne sont encore que des Bourgeois *libéraux*, presque étrangers, comme le reste de la Nation, à l'étude des questions sociales, et qui ne connaissent pas assez les misères du Peuple pour être préoccupés du désir d'améliorer son sort.

§ 12. — Députation à Marmont.

Enhardis davantage par les succès des insurgés, les Députés pensent à négocier avec Marmont. « Quatre millions, dit Casimir Périer, seraient bien employés pour appuyer la négociation. — Non, répond Laffitte, Marmont n'est pas aussi mauvais que sa réputation. » Le 28, à deux heures, Laffitte, Mauguin, Casimir Périer, Gérard et Lobau, envoyés par les Députés réunis chez Audry de Puiraveau, vont en députation auprès de Marmont, aux Tuileries, pour demander la cessation du feu et le retrait des Ordonnances.

—Nous n'obtiendrons rien, leur dit Laffitte avant de partir : il faut donc prendre une résolution d'avance. Que ferons-nous?... Le duc d'Orléans !... — Oui, dit Gérard. — Les hommes me sont indifférents, dit Mauguin ; les institutions sont tout à mes yeux. — Lobau paraît hésiter. — Casimir Périer garde un profond silence.

Enfin, ils l'ont abordé ce malheureux Marmont, que semble poursuivre une si cruelle fatalité.

—Maréchal, lui dit Laffitte, arrêtez l'effusion du sang.—Je suis désolé ; je pense comme vous sur les Ordonnances : elles sont funestes ; mais j'ai des *ordres*. — Personne n'a le droit de vous ordonner de massacrer le Peuple ; vous ne devez pas obéir. — Mais *l'honneur militaire*, M. Laffitte ! — Égorger les citoyens est toujours un crime... — Je ne vois qu'un moyen... Que le Peuple se soumette. — Faites retirer les

Ordonnances. — Mais, si les Ordonnances sont retirées, garantissez-vous la soumission? — Nous ferons tous nos efforts. — Je n'espère rien.... Cependant, je vais envoyer, et dans une heure vous aurez la réponse. — Dans une heure, disent Laffitte et Mauguin, si les Ordonnances ne sont pas retirées, nous nous jetons corps et biens au milieu du mouvement! Demain, dit Laffitte, mon *bâton* pourra se heurter contre votre *épée;* mais le Peuple est puissant!...

§ 13. — Efforts tentés en faveur de Charles X.

Quant à la masse des Aristocrates, des Légitimistes, des hommes de salons, tous si intrépides en paroles, ils n'osent pas combattre l'Insurrection qu'ils redoutent. — Et quant aux Carlistes eux-mêmes, si menaçants avant et après, que font-ils alors? Châteaubriand va répondre :

« Je laisse la peur, dit-il, à ces généreux royalistes, qui n'ont jamais sacrifié une obole ou une place à leur loyauté, *à ces champions de l'autel et du trône,* qui naguère me traitaient de renégat, d'apostat et de *révolutionnaire.* Pieux libellistes! le renégat vous appelle. Venez donc balbutier un mot, un seul mot avec lui, pour l'infortuné maître qui vous combla de ses dons et que vous avez perdu. Provocateurs de coups d'État, prédicateurs du pouvoir constituant, où êtes-vous? Vous vous cachez dans la boue, du fond de laquelle vous leviez vaillamment la tête pour calomnier les vrais serviteurs du roi : votre silence d'aujourd'hui est digne de votre langage d'hier. Que tous ces preux, dont les exploits projetés ont fait chasser les descendants de Henri IV à coups de fourche, *tremblent maintenant, accroupis sous la cocarde tricolore;* c'est tout naturel : les nobles couleurs dont ils se parent protégeront leurs personnes et ne couvriront pas leur lâcheté. » (Discours à la Chambre des Pairs, *Moniteur* du 11 août.)

Mais MM. de Sussy, Forbin Janson, d'Argout, de Mortemart et de Vitrolles, courent à Saint-Cloud, et font tous leurs efforts pour sauver Charles X, en le déterminant à révoquer les Ordonnances, et à changer son ministère.

Charles X, qui, la veille, avait tué des lapins, jouait au whist au bruit du canon qui tuait des hommes.

« Sire, les Députés ont déclaré que, si dans une heure, .

— *Une* heure, reprend Charles X en riant ; ils m'en donneront bien *deux !* — Les Députés, sire.... — Soyez tranquilles, ils sont *arrêtés et fusillés maintenant.* »

Il se trompe : le gendarme Foucaut avait bien reçu l'ordre de fusiller *huit Députés*, Lafayette, Laffitte, Mauguin, Audry de Puiraveau, Salverte, et trois autres, parmi lesquels ne se trouvent ni Casimir Périer, ni Sébastiani, ni Dupin, ni Guizot, ni Bertin de Vaux ; mais Marmont a fait déchirer les huit mandats d'arrêt, et bientôt c'est la victoire qui protége les Députés du Peuple.

§ 14. — Charles X et Polignac perdent la tête.

C'est bien facile de donner des ordres sanguinaires dans un palais, et de décider qu'une Insurrection populaire sera écrasée par le canon ; il est facile aussi d'y parler de son immuable volonté ; mais quand l'Insurrection gronde, menace, brise et renverse, il faut du courage pour faire face à la tempête. Il paraît que Polignac, qui, dès le 26, a mis Paris en état de siége, qui disait qu'un caporal et quatre hommes suffiraient pour réduire des bourgeois mutinés, et qui donnait l'ordre de fusiller Lafayette, Laffitte et six autres députés, se trouble maintenant à l'aspect du péril, et perd, comme on dit, la tête.

De son côté, Charles X commence à s'effrayer, craint enfin pour sa couronne, consent à parler de négociations, d'armistice, de capitulation, et rabaisse sa fierté jusqu'à révoquer ses Ordonnances, reconnaître la Chambre des 221, la convoquer pour le 3 août, et changer son Ministère : nous le verrons même abdiquer.

§ 15. — Défection des troupes.

Toutes les fois que ce n'est qu'une petite émeute qui ne présente aucun chef inspirant confiance, la Troupe fait feu, quoiqu'à regret, et quand même elle serait plus révolutionnaire que les citoyens, parce que l'émeute ne lui offre alors aucune espèce de garantie.

Mais quand c'est une Révolution ; quand, comme ici, toute la population se soulève et fraternise avec l'Armée; quand des noms puissants sont à la tête de l'Insurrection ; alors la Troupe fraternise aussi avec le Peuple et se jette dans le camp qui présente les chances de la victoire.

Partout la Ligne, enveloppée par la masse populaire, échauffée par ses cris, électrisée par son courage, ne combat qu'à regret et paraît prête à se joindre à ses frères. C'est le 29 qu'elle se décide.

Ecoutons Louis Blanc (*Hist. de Dix ans*, t. 1er, p. 287 et 288) :

« Un sergent est introduit à l'hôtel Laffitte; il vient annoncer que le 53e de ligne est prêt à fraterniser avec le Peuple, et que le corps des officiers, à l'exception du colonel et des chefs de bataillon, l'a député vers le général Gérard pour l'en instruire. Sur l'invitation du général, un colonel (Heymès) sort habillé en bourgeois, et se dirige vers la place Vendôme avec le sergent. Ils rencontrent en chemin le frère de M. Laffitte, qui réunissait quelques gardes nationaux et qui se joint au cortege. MM. Heymès et Jean-Baptiste Laffitte s'avancent jusqu'au colonel, à travers les soldats. Leurs vives paroles circulent dans les rangs; les officiers applaudissent; le colonel, qui résistait, est entraîné. Les soldats ne demandent qu'à garder leurs armes et leur drapeau, condition militaire qui ne pouvait leur être refusée; et le régiment, tambours en tête, se dirige vers l'hôtel Laffitte.

» Bientôt la cour de l'hôtel regorge de soldats. Cinq officiers entrent dans le grand salon. M. Laffitte, blessé à la jambe, est étendu dans un fauteuil : « Messieurs, leur dit-il, gardez vos armes; mais » jurez de ne point les tourner contre le Peuple. » Les officiers étendent la main comme pour un serment. « Pas de serment, Mes- » sieurs, reprend M. Laffitte d'une voix émue, les rois les ont dés- » honorés : il suffit de la parole des braves. » Ces mots sont couverts d'applaudissements, quand tout à coup une décharge se fait entendre. Comment peindre le tumulte qui alors éclate dans les appartements? La Garde Royale est certainement victorieuse, l'ennemi va paraître.... Et chacun de fuir. On se pousse, on se heurte dans les vestibules; plusieurs, et M. Méchin entre autres, sautent dans les jardins par les fenêtres du rez-de-chaussée; deux députés sont trouvés blottis dans les écuries. En un clin d'œil, M. Laffitte est abandonné de tous ceux qui assiégeaient son fauteuil. Qu'était-il donc arrivé? Les soldats du 6e avaient suivi l'exemple de leurs camarades du 53e, et, gagnés à la cause du Peuple, ils avaient déchargé leurs fusils en l'air pour le rassurer. »

Ainsi, c'est un colonel, c'est le frère de M. Laffitte, et des Gardes nationaux, qui vont solliciter le 53e, en s'adressant à leurs chefs, au nom du général Gérard et de Laffitte, deux des hommes les plus influents sur le Peuple et l'Armée, et c'est dans l'hôtel de Laffitte, où se trouve Gérard, que les deux régiments viennent se joindre à l'Insurrection triomphante et consolider son triomphe.

§ 16. — Panique des Suisses au Louvre.

Apprenant la défection de la place Vendôme, Marmont veut y envoyer l'un des deux bataillons de Suisses qui défendent le Louvre, et dont l'un combat dans la colonnade, tandis que l'autre est en réserve dans la cour. On devait faire monter dans la colonnade le bataillon qui se trouvait dans la cour et envoyer à la place Vendôme le bataillon que le combat avait déjà fatigué. Mais le désordre et la confusion sont déjà tels qu'on fait descendre l'un des bataillons avant d'avoir fait monter l'autre pour le remplacer. Et les assaillants, redoublant d'efforts à la vue de cette retraite, se précipitent dans la colonnade abandonnée, tandis que les Suisses descendent rapidement, ou plutôt fuient et entraînent dans leur panique et leur fuite l'autre bataillon, pour ne s'arrêter tous deux que loin des Tuileries.

Nous aimerions mieux, pour la gloire de cette héroïque journée du 29, que le Peuple fût entré d'assaut dans la colonnade, au milieu du feu des Suisses ; mais l'Histoire ne doit pas être flatteuse, et voilà la vérité.

Sans cette méprise, qui, du reste, est fréquente dans les batailles, qui peut dire combien aurait pu durer encore la résistance du Louvre ? Mais le Peuple attaque de toutes parts ; la Ligne se joint à lui ; la Garde Royale et les Suisses sont démoralisés, et, pour être retardée, la victoire populaire n'en serait probablement pas moins certaine.

§ 17. — Lafayette et Gérard nommés commandants à l'Hôtel-de-Ville.

Les Députés réunis chez Laffitte, le 29, après la prise du Louvre, nomment Lafayette Commandant général de la Garde Nationale, et Lafayette déclare qu'il accepte, non comme Député, mais comme vieux Patriote de 89.

Gérard accepte, sous ses ordres, le commandement des opérations actives.

Voilà, avec Laffitte, les noms les plus influents sur le Peuple et l'Armée, et ce coup décisif assure le triomphe de l'Insurrection.

§ 18. — Commission Municipale.

Mauguin propose un *Gouvernement provisoire ;* mais ces Députés bourgeois trouvent la proposition trop révolutionnaire et préfèrent une simple *Commission* MUNICIPALE.

On nomme au scrutin, pour en faire partie, Casimir Périer, Gérard (qui refuse pour rester Commandant), Laffitte (qui ne veut pas quitter son hôtel, et qui est remplacé par Mauguin), Odier, complétement inconnu du Peuple, qui refuse, et qui est remplacé par de Schonen ; enfin, Lobau et Audry de Puiraveau.

Malheureusement presque tous ces hommes sont dévoués à la Bourgeoisie et sont loin d'être à la hauteur de la situation révolutionnaire. Ils ne sont pas même d'accord entre eux, tandis que le succès dépend essentiellement de l'homogénéité des sentiments et des vues. Dans plusieurs circonstances graves, par exemple, Mauguin sera abandonné par Audry de Puiraveau, et l'intérêt populaire en sera compromis. Odilon Barrot, Mérilhou, Barthe, Plougoulm, Aylies, Bonnelier, sont successivement adjoints comme secrétaires.

Tous, avec Lafayette et Gérard, vont s'installer à l'Hôtel-de-Ville, pour y être tout-puissants, s'ils le veulent, au milieu du Peuple en armes.

§ 19. — Proclamation anti-populaire.

A peine installée, la Commission Municipale publie l'étrange proclamation qui suit :

« Les Députés présents à Paris ont dû se réunir pour remédier aux *graves dangers qui menacent la sûreté des personnes et des propriétés*. Une commission a été nommée pour veiller aux intérêts de tous, en l'absence de toute organisation régulière. »

Ainsi, quand le Peuple montre tant de désintéressement, tant de modération et tant de générosité, voilà la première autorité née de la Révolution qui le met en état de suspicion et qui le calomnie, en déclarant à la France que de graves dangers menacent la sûreté des personnes et des propriétés, au milieu de la population parisienne !

Voilà bien la Bourgeoisie !

Aussi, quand on vient annoncer à cette Commission Municipale que des combattants demandent du pain, Casimir Périer répond : « Il est plus de quatre heures : *ma caisse est » fermée.* »

§ 20. — Ministère provisoire de la Commission Municipale.

La Commission Municipale choisit des Ministres, et nomme Dupont (de l'Eure) à la Justice, le baron Louis aux Finances, Gérard à la Guerre, de Rigny à la Marine, Bignon aux Affaires étrangères, Guizot à l'Instruction publique, et à l'Intérieur Casimir Périer, qui refuse après avoir accepté, et qu'on remplace par de Broglie.

Il paraît que Mérilhou proposait même Dupin par préférence à Dupont (de l'Eure) et Sébastiani par préférence à Bignon. On a peine à le comprendre aujourd'hui, et la Postérité aura peut-être peine à le croire. Le baron Louis, de Rigny, Casimir Périer, de Broglie, Guizot, tous ces hommes que Charles X aurait pu prendre pour Ministres, la Commission Municipale les choisit, au milieu d'une insurrection, pour défendre les intérêts populaires !

Voilà comme l'opinion publique est alors avancée ; et l'on peut dès maintenant prévoir et prédire que les intérêts du Peuple seront sacrifiés.

§ 21. — Adresse des Républicains.

Du reste, nous allons voir que les Républicains eux-mêmes ne sont ni guère avancés, ni guère audacieux.

Les Républicains, réunis dans le grand salon du restaurateur Lointier, rédigent une Adresse, qui est portée à l'Hôtel-de-Ville, et qui commence par ces mots :

« Hier le Peuple a reconquis ses Droits sacrés au prix de son sang. Le plus précieux de ces Droits est de *choisir librement son Gouvernement.* Il faut empêcher qu'aucune proclamation ne soit faite qui désigne un chef lorsque la forme même du Gouvernement ne peut être déterminée.

» Il existe une représentation provisoire de la Nation. Qu'elle reste en permanence jusqu'à ce que le vœu de la *majorité des Français* ait pu être connu, etc. »

Du reste, on peut dire que tout est là : car, si l'on convoque une Assemblée nationale pour choisir le nouveau Gouvernement, la discussion sera ouverte pour toutes les améliorations populaires.

§ 22. — Nouveau Ministère de Charles X.

On avait eu le projet de faire rentrer la duchesse de Berry seule à Paris, par les faubourgs, avec son fils, le duc de Bordeaux, sur lequel elle aurait appelé l'affection ou la pitié du Peuple.

Qui sait ce qu'aurait produit cet acte de courage maternel et de confiance? Mais on a reculé devant le danger, et Charles X, comme nous l'avons déjà vu, révoque ses Ordonnances et son Ministère, et le remplace par de Mortemart, premier Ministre, chargé de son *blanc-seing ;* par Gérard à la Guerre, et par Casimir Périer aux Finances. Il confirme même Lafayette dans ses fonctions de Commandant de la Garde Nationale.

De Sussy, de Sémonville, de Vitrolles et d'Argout, apportent les nouvelles Ordonnances à l'Hôtel-de-Ville et dans l'hôtel Laffitte. Sébastiani, Bertin de Vaux, Casimir Périer, sont encore d'avis de la négociation ; mais les autres la repoussent. « *Il est trop tard!* » répondent Lafayette, Audry de Puiraveau et Mauguin. « *Il n'est plus temps*, répond Laffitte, il n'y a plus de Charles X ! »

Et la déchéance est en effet décidée.

§ 23. — Déchéance.

Le 31, la Commission Municipale publie la proclamation suivante :

« Habitants de Paris, Charles X *a cessé de régner sur* la France! *Ne pouvant oublier l'origine de son autorité*, il s'est toujours considéré comme l'*ennemi* de notre Patrie et de nos Libertés, qu'il ne pouvait comprendre. Après avoir sourdement attaqué nos Institutions par tout ce que l'*hypocrisie* et la *fraude* lui prêtaient de moyens, lorsqu'il s'est cru *assez fort* pour les détruire ouvertement, il avait résolu de *les noyer dans le sang des Français :* grâce à VOTRE HÉROÏSME, les *crimes* de son pouvoir sont finis.

» Quelques instants ont suffi pour anéantir ce Gouvernement *corrompu*, qui n'avait été qu'une *conspiration permanente* contre la Liberté et la prospérité de la France. *La Nation seule est debout*, parée de ces couleurs nationales qu'elle a *conquises au prix de son sang ;* elle veut un Gouvernement et des Lois dignes d'elle.

» Les sentiments et les principes des membres de la Commission sont les vôtres. Au lieu d'un pouvoir imposé par les armes étrangères, vous aurez un Gouvernement qui vous devra son origine. Les vertus sont dans toutes les classes, toutes les classes ont les mêmes Droits: ces Droits sont assurés.

» Vive la France ! vive le Peuple de Paris! vive la Liberté ! »

Cette déchéance sera répétée par les Chambres le 7 août ; Charles X et son fils abdiqueront en faveur du duc de Bordeaux, en nommant le duc d'Orléans Lieutenant-Général du Royaume et Régent. Et quand Charles X hésitera à quitter la France, et pensera encore à se retirer soit à Tours, soit dans la Vendée, on le forcera de partir de Rambouillet pour

Cherbourg et l'Angleterre, et l'œuvre du Peuple, c'est-à-dire la Révolution ou l'expulsion des Bourbons de la branche aînée, se trouvera définitivement accomplie.

Nous allons voir maintenant la Bourgeoisie remplacer la Royauté; mais auparavant voyons ce qu'on devrait faire.

CHAPITRE III. — Ce qu'on devrait faire.

§ I. — Quelle est la cause de la Révolution.

Ce sont uniquement, dit le Juste-Milieu, les Ordonnances violatrices de la Charte. — Non, ces ordonnances sont l'*occasion* et le *signal*, mais elles ne sont pas la *cause*.

La cause est dans tout ce qui s'est passé depuis 40 ans : c'est l'amour de la Liberté, de l'Égalité et de l'Indépendance ; c'est le souvenir de notre glorieuse Révolution de 1789, le désir de reconquérir les principes de notre immortelle Constitution de 1791 ; c'est l'aversion pour le despotisme, pour la noblesse, pour l'émigration, pour la chouannerie, pour les Jésuites, pour la Contre-révolution, pour la Restauration, et pour les budgets ruineux ; c'est la haine contre les Bourbons et la domination étrangère ; c'est le sentiment qui animait la France entière lors de la prise de la Bastille, qui lui rendit l'Empire odieux malgré sa gloire, et qui la ranima pendant les Cent jours ; c'est le besoin qui lui fit expulser Louis XVIII au 20 mars, et qui fit éclore, depuis, tant de conspirations et de tentatives d'insurrection ; en un mot, c'est la volonté de répondre à l'appel des représentants de 1815, pour reconquérir l'Indépendance et la Liberté.

§ 2. — Quel est le but de la Révolution.

Tout ce qui s'est passé depuis la régénération de la France en 1789 n'explique-t-il pas manifestement ce but?

Ce *but* n'est-il pas évidemment l'expulsion des Bourbons, dont, dès le premier jour, le Peuple brise avec fureur les armoiries? N'est-ce pas l'expulsion de leurs Pairs, de leurs Juges et de leurs Jésuites, contre lesquels les insurgés manifestent leur colère au Luxembourg, au Palais-de-Justice et à l'Archevêché? N'est-ce-pas l'amélioration du sort du Peuple, la suppression des impôts injustes, et la diminution des impôts excessifs, la jouissance des droits électoraux, en un mot, la conquête des Droits de l'Homme et du Citoyen?

Ce but n'est-il pas aussi l'annulation d'une Charte octroyée, imposée par l'étranger, illégitime, illibérale, anti-populaire, continuellement détériorée, cent fois violée, qui a facilité la misère du Peuple et l'oppression du pays, qui vient d'être déchirée par ses propres auteurs, et qui doit être odieuse par cela seul qu'elle est l'œuvre des Bourbons?

§ 3. — Quelles doivent être les conséquences de la Révolution.

La première, celle qui renferme toutes les autres, doit être, pour la Nation, la rentrée dans l'exercice de sa SOUVERAINETÉ.

Les combattants et les vainqueurs eux-mêmes n'auraient pas le droit d'imposer leur volonté au Pays.

C'est à la Nation seule qu'il appartient de tout régler en dernier ressort.

Qu'elle réélise les mêmes députés, ou les remplace par d'autres; qu'elle maintienne la Charte, ou la modifie, ou la remplace par une Constitution toute nouvelle; qu'elle adopte la République, ou conserve la Monarchie; qu'elle choisisse Charles X, ou le duc d'Angoulême, ou le duc de Bordeaux, ou Napoléon II, ou le duc d'Orléans, ou tout autre; en un mot, quelle que soit sa décision, cette décision est la loi suprême, à laquelle la minorité doit se soumettre; c'est là le droit, la justice, l'ordre; hors de là, il ne peut y avoir qu'arbitraire, oppression, et germe de dissensions civiles.

Tels sont les principes consacrés par les Constitutions de 1791, 1793 et 1796, et par les déclarations et protestations des représentants de 1815.

Il faut donc convoquer une Assemblée Constituante, ou une Convention, ou une Représentation nationale, ou un Congrès, comme on l'a fait en 1789, après le 10 août, et après le 20 mars 1815

Auparavant il faut nécessairement un *Gouvernement provi-*

soire, comme on en a établi au 10 août, après le 18 brumaire, après la déchéance de Napoléon au 1er avril 1814, et après son abdication sur la fin des Cent-Jours.

§ 4. — Gouvernement provisoire. — Convocation des électeurs et des représentants.

De la composition du Gouvernement provisoire peut dépendre tout le sort de la Révolution : par conséquent les insurgés en masse ont intérêt et droit à surveiller cette composition.

Mais le Peuple est si modeste, si désintéressé, si confiant! Il laisse tout faire aux Députés, parmi lesquels, cependant, peuvent se trouver des adversaires de la Révolution. Aussi voit-on figurer parmi les membres choisis C. Périer, qui désapprouve l'insurrection, qui négocie secrètement en faveur de Charles X, et qui s'oppose à sa déchéance. — Aussi encore voit-on les Députés s'effrayer du titre de *Gouvernement provisoire*, et n'oser donner que celui de *Commission municipale de Paris*...

Il est vrai que Lafayette, Gérard, Laffitte, Audry de Puiraveau, Mauguin et de Schonen, sont à l'Hôtel-de-Ville; et le Peuple, qui les connaît, qui les adopte pour ses chefs, qui les appuie de son dévoûment et de ses armes victorieuses, qui croit qu'eux seuls vont diriger sa victoire, pense et doit penser que tous ses droits sont en sûreté.

Le Gouvernement provisoire, qui se croit assez fort pour proclamer la déchéance des Bourbons, devrait donc gouverner et diriger exclusivement la Révolution.

Il devrait d'abord pourvoir à la sûreté intérieure et extérieure, et par conséquent adopter provisoirement une Constitution populaire, celle de 1791 par exemple, suspendre les fonctionnaires ennemis (comme on l'a fait après le 10 août, après le 18 brumaire, après la Restauration et après le 20 mars), choisir des Ministres et des Agents dévoués à la Révolution, réorganiser la Garde Nationale et l'Armée, et pourvoir à la défense des frontières.

Après toutes ces mesures de *sûreté* intérieure et extérieure, son principal soin devrait être de *convoquer la Nation.*

La loi électorale se trouvant annulée ou suspendue, et son illibéralité étant même l'un des motifs de la Révolution, le Gouvernement provisoire pourrait et devrait faire un décret spécial pour les premières élections, comme l'ont fait Louis XVI en 1789, l'Assemblée Législative après le 10 août, Napoléon après le 20 mars, et même Louis XVIII après les Cent-Jours ; il pourrait aussi choisir une des anciennes lois les plus populaires, de manière qu'il y eût à peu près autant d'électeurs et de Députés que pour l'Assemblée Constituante ou la Convention.

Mais il faudrait laisser un délai suffisant et prendre toutes les mesures convenables pour que les électeurs pussent avoir une opinion bien éclairée sur les qualités qu'il importe de rechercher pour les Députés : car tout congrès choisira la République ou la Monarchie, suivant que les électeurs auront choisi des députés républicains ou monarchistes.

§ 5. — Congrès national. — Constitution. — République ou Monarchie. — Institutions populaires. — Acceptation. — Révision.

Le Congrès, composé d'hommes spécialement élus et connaissant bien le vœu présent de leurs concitoyens, devrait d'abord déterminer la forme du Gouvernement, c'est-à-dire choisir entre la République et la Monarchie, en procédant à ce choix avec maturité, après avoir entendu toutes les opinions et pris tous les moyens de connaître parfaitement l'intérêt et le vœu du pays.

Certainement, la *République* est la forme de Gouvernement la plus rationnelle, la plus parfaite et la plus séduisante en théorie.

Elle a prospéré chez de grandes comme chez de petites nations de l'Antiquité ; elle prospère aujourd'hui dans les Etats Unis et dans d'autres grands Etats d'Amérique.

Mais convient-elle à la France ?

La Nation presque entière et la Convention le pensaient en 1792.

« Vous vous êtes constitués en République (disait Malesherbes, l'un des défenseurs de Louis XVI, à Barrère) : *c'est le meilleur des gouvernements;* tenez-vous-y, si vous pouvez. » — (Mongaillard, tome 2, page 296.)

Mais ils n'ont pas pu s'y tenir, s'écrient les Anti-républicains.

« La République, dit Thiers (*National* du 31 juillet), la République, qui a *tant d'attrait pour les esprits généreux*, nous a mal réussi il y a trente ans : livrée aux rivalités des généraux, elle a succombé sous les coups du premier homme de génie qui s'est rencontré pour la soumettre. »

Ainsi, dit-on, l'épreuve est faite.

L'épreuve est faite! Elle le serait donc aussi pour la Monarchie absolue de l'ancien Régime, et pour la Monarchie constitutionnelle, puisque toutes deux ont succombé comme la République?

Non, non; l'épreuve de quelques années, au milieu des convulsions intestines, de la guerre civile, de la guerre étrangère, et de la plus furieuse des tempêtes qui ont bouleversé l'Univers, cette épreuve ne prouve rien; si l'Amérique se trouvait dans les mêmes circonstances, la République périrait probablement aussi chez elle.

Bonaparte a pu la détruire en l'an VIII ; mais il n'y a plus de Bonaparte, de long-temps on n'en verra, et la République serait peut-être, en 1830, plus forte que tous ses ennemis.

Mais la République, c'est 93, c'est la Terreur! — D'abord, qui le dit? Ne sont-ce pas les partisans intéressés du pouvoir absolu, les Contre-révolutionnaires et les Aristocrates? Tous ces hommes ne la détesteraient-ils pas, quand même elle serait véritablement le gouvernement le plus parfait? Ne doivent-ils pas l'attaquer et la calomnier d'autant plus qu'elle est plus équitable, qu'elle réduit davantage leurs priviléges, et qu'elle est plus capable de faire le bonheur du Peuple? Ne sont-ce pas eux précisément qui l'ont constamment poussée à des excès pour la déshonorer et la perdre? Les Carlistes ne pousseront-ils pas à la République en avouant qu'ils feront tous leurs efforts pour l'entraîner à sa perte?

En second lieu, dire que la République est 93, n'est-ce pas un mensonge employé pour effrayer les vieilles femmes, les niais et les poltrons? — 93 et la Terreur ne sont pas la République, mais seulement le Gouvernement révolutionnaire. Le Gouvernement républicain n'a pas commencé avant le 4 brumaire an IV (26 octobre 1795), quand la Terreur était finie depuis long-temps!

Cette Terreur de 93 n'a-t-elle pas été effacée par la *terreur modérée* de 1794, par la *terreur royaliste* de 1795, et par la *terreur légitimiste* de 1815? Est-elle inséparablement inhérente à la République plus que la *Saint-Barthélemy*, les *Dragonnades* et les *anciens massacres*, à la Monarchie absolue; plus que *le parricide et le sacrilége appel des armées étrangères* et les *mitraillades* de juillet à la Monarchie constitutionnelle de Louis XVIII et de Charles X?

Si la République était nécessairement 93 et la Terreur, personne n'en voudrait; et cependant ne venons-nous pas de voir Thiers reconnaître, le 31 juillet, que c'est pour *les esprits généreux* que la République a des attraits? Tout le monde ne connaît-il pas ce colloque entre Lafayette et le duc d'Orléans, le 31 juillet? « *Je suis républicain*, dit Lafayette. — *Moi* » *aussi*, répond le duc; *je l'ai toujours été et je le serai tou-* » *jours*. — Je considère, ajoute le général, *le gouvernement* » *des États-Unis comme un modèle*. — *Moi aussi*..... Mais » je pense que, pour le moment, la *monarchie* RÉPUBLICAINE » convient mieux à la France. »

Quoi qu'il en soit, la République a pour partisans les Patriotes les plus fermes, cette Jeunesse si héroïque et si généreuse, et, plus qu'on ne le croit, ce Peuple si brave, si sage et si intelligent, qui, depuis trente ans, n'a joui d'aucun droit sous la Monarchie.

Le Congrès pourrait donc l'adopter, sans crainte d'affliger ni le Duc, qui se dit Républicain, ni Lafayette, qui l'est.

Si le Congrès lui-même, jugeant après un mûr examen, repoussait la République, le monarque choisi n'en serait que plus solide : car les Républicains se résigneraient sans murmure à la volonté nationale; ils attendraient qu'une nouvelle expérience eût prouvé que la Monarchie peut aujourd'hui rendre le Peuple heureux (ce qui ne les fâcherait pas du tout, puisqu'ils ne veulent que le bonheur du Peuple), ou qu'elle est désormais intolérable, même sous un Prince qu'on appellerait le meilleur des Rois.

Je le crois; en 1830, regardant comme insuffisante l'épreuve de la Monarchie constitutionnelle faite sous Louis XVI, Napoléon, Louis XVIII et Charles X, la majorité de la Nation et celle du Congrès voudraient encore en essayer, et ce qui les déterminerait surtout, c'est l'avantage apparent de trouver un prince dont la famille a constamment embrassé la cause populaire; dont un ancêtre, régent de Louis XV, reconnut et proclama solennellement la Souveraineté nationale; dont le père, Philippe-Égalité, vota pour la République et la condamnation de Louis XVI; qui, lui-même, a été Jacobin et général d'armée républicaine, combattant le fils et les frères de Louis XVI exécuté; qui se dit républicain encore, qui parle d'un trône *populaire* entouré d'institutions *républicaines;* qui proclame qu'attaché de cœur et de conviction aux principes d'un Gouvernement *libre*, il en accepte d'avance *toutes les conséquences;* qui a des vertus privées, une nombreuse famille, des goûts simples et bourgeois; annonçant qu'il n'aura ni *cour*, ni besoin d'une grosse *liste civile;* se promenant seul, à pied, un parapluie sous le bras, un chapeau gris orné d'une large cocarde tricolore sur la tête; donnant sa main blanche à la main noire et calleuse de l'ouvrier; chantant la *Marseillaise*; parlant bien et parlant de son amour pour la Gloire, la Liberté, le Peuple, l'Humanité; montrant de l'horreur pour la peine de mort, paraissant être la franchise et la loyauté même... Ah! qu'on l'avoue, peut-on n'être pas tenté de croire que c'est là *la meilleure des Républiques?* N'est-ce pas du moins la meilleure pâte de Roi? N'est-ce pas le Monarque le plus capable de consentir lui-même un jour à la République, après avoir préparé la Nation à la recevoir? Ne doit-il pas même la préparer nécessairement dans tous les cas? Car, si la Monarchie trébuche avec lui, ne sera-t-il pas démontré par là qu'elle ne peut plus marcher avec personne?

Je le répète, je crois que le Congrès préférerait la *Monarchie*.

Mais il devrait faire et ferait une *Constitution nouvelle*, en la discutant mûrement et solennellement; ce serait une Monarchie *Populaire* et *Républicaine* qu'il constituerait; il reprendrait les bases de la Constitution de 1791, approuvée par la France entière, œuvre admirable, sous beaucoup de rapports, d'un immortel Congrès national.

Il fixerait lui-même toutes les garanties et toutes les institutions fondamentales, notamment le droit d'élection, qui comprend tous les autres droits.

Il déterminerait l'époque et le mode de *révision* : car la raison et les Constitutions de 1791 et 1795 disent également qu'aucune constitution ne peut être parfaite, ni convenir à tous les temps, ni enchaîner les générations futures à perpétuité.

Il déterminerait aussi le mode d'*acceptation* : car les Constitutions de 1795, de l'an VIII, de l'an XII, et du Sénat, en 1814, l'Acte additionnel et la protestation des représentants de 1815, disent, avec les principes, que toute Constitution doit être soumise à l'acceptation nationale.

Il consacrerait surtout les *droits du Peuple*, et garantirait les *intérêts* de cette classe, la plus nombreuse et par conséquent la plus redoutable, la plus utile et par conséquent la plus digne de la bienveillance du législateur : car comment un pays dans lequel le Peuple travailleur n'est pas convenablement *nourri, vêtu, logé et instruit*, comment un pays où l'on voit la misère à côté du luxe et des millions d'hommes plus misérables que le cheval et le chien de quelques riches, comment un tel pays, dis-je, peut-il se vanter de sa *gloire* en aucun genre, de sa *justice*, de sa *moralité*, et même de sa *civilisation*? Le Congrès admettrait donc tous les Citoyens aux élections et dans la Garde nationale; il abolirait les impôts sur les objets de première nécessité, sur le *sel*, les *boissons* et le *tabac;* il assurerait au Peuple l'*instruction*, les moyens de vivre en *travaillant*, et des *secours* dans sa vieillesse ou ses infirmités.

Je ne parle pas d'une foule d'autres améliorations pour le bien-être du Peuple, parce que l'opinion publique est très peu éclairée à cette époque sur les *questions sociales;* mais la discussion ferait certainement éclore et jaillir bien des lumières, et d'ailleurs la carrière resterait ouverte pour tous les perfectionnements et tous les progrès.

La Monarchie adoptée, la Constitution terminée, le Congrès, qui aurait conservé jusque là un Gouvernement provisoire, procéderait au *choix du Monarque*.

§ 6. — Bourbons. — Napoléon II. — Duc d'Orléans.

Quel que fût le choix du Congrès, accepté par la Nation, chacun devrait s'y soumettre et s'y soumettrait en effet.

Charles X et le duc d'Angoulême auraient chacun quelques partisans, bien qu'ils aient abdiqué.

Le duc de Bordeaux en aurait davantage. — L'abdication de son grand-père et de son oncle, dirait-on, n'a été que conditionnelle et faite en sa faveur! Il a des *droits* acquis! — Non, la Nation seule a des droits : la première Révolution a déchu les Bourbons; la déchéance prononcée contre Napoléon, son abdication, le traité fait avec lui le 11 avril 1814 par les Alliés pour accepter cette abdication, prouvent que l'ancienne dynastie n'est plus rien en France; la Restauration ne l'a pas légalement rétablie; Charles X et son fils n'ont rien pu transmettre à l'enfant; il n'a jamais eu de droit; il en a cent fois moins surtout que n'en avait le fils de Napoléon quand le Sénat de 1814 et la Restauration de 1815 l'ont déshérité du Trône.

Mais le duc de Bordeaux est *innocent!* — Eh! Napoléon II ne l'était-il pas? La Nation ne l'est-elle pas aussi? Faut-il sacrifier son intérêt à celui d'un individu? Le défenseur de Louis XVI et tous ses partisans ne reconnaissaient-ils pas que, quoique innocent suivant eux, ce Roi pouvait être privé du trône si la Nation le voulait.

Le duc de Bordeaux! Mais c'est Charles X, ou le duc d'Angoulême; c'est la Restauration, et la Légitimité, et les Jésuites; c'est le despotisme et la vengeance! Le Peuple criait *Plus de Bourbons!* et le Congrès n'en choisirait aucun.

Quant à *Napoléon II*, c'est autre chose.

Héritier constitutionnel en 1814; proclamé de nouveau en 1815; dans la fleur de l'âge, et susceptible de sympathiser avec les jeunes Patriotes; rappelant des souvenirs d'Indépendance nationale et de Gloire; pouvant apporter à la France l'alliance de l'Autriche, qui paralyserait toute nouvelle Coalition; pouvant exciter par son nom seul l'enthousiasme guerrier, qui va peut-être nous être nécessaire; Napoléon II a des partisans parmi les fonctionnaires de l'Empire, les vieux soldats et le Peuple.

Cependant on peut redouter son éducation par Metternich, l'influence de l'Autriche, de sa mère et des serviles instruments du Despotisme impérial; il est d'ailleurs absent, et l'on ne sait pas même si le Cabinet autrichien consentirait à le donner.

Le Congrès l'accepterait-il? Il est bien plus probable que son choix tomberait sur le DUC D'ORLÉANS

Qu'un parti patriote ait eu la pensée de proclamer son père après 1789; que Dumouriez ait eu le projet de le proclamer lui-même; qu'une tentative ait été faite en sa faveur pendant la première guerre d'Espagne; qu'on l'ait renouvelée peu avant les Cent-Jours, et depuis; qu'il ait personnellement l'ambition d'un Trône : on peut le nier comme on peut l'affirmer.

Mais ce qui paraît certain, c'est qu'un Parti l'adopte depuis 1829, et que ce Parti se compose d'intrigants, qui veulent des places; de Libéraux, qui veulent un Roi; de Doctrinaires et d'hommes de la Restauration, qui prévoient une Insurrection inévitable et redoutent d'en être les victimes; et de quelques Patriotes, qui croient au Prince un véritable patriotisme.

Le Peuple ne le connaît que comme un Bourbon, et le comprend dans sa haine d'instinct contre cette race; mais ce Peuple est si confiant, il a tant besoin d'aimer, qu'il n'est pas difficile de capter son affection par des démonstrations populaires.

Les hommes énergiques lui reprochent son isolement, son indifférence, son égoïsme et son inaction pendant la Restauration; mais la masse des Patriotes se laisse facilement séduire par tout le bien qu'on dit de lui, et la masse des timides fait des vœux pour son élection.

Il est presque certain que le Congrès le préférerait à ses rivaux.

Ah! s'il a l'ambition de trôner, s'il aime le repos et quelque peu la Liberté, qu'il doit avoir de regrets aujourd'hui de n'avoir pas demandé un Congrès!

Quel funeste service lui ont rendu ses conseillers ou ses flatteurs, ou peut-être des ennemis cachés sous le masque du dévoûment!

§ 7. — Que faut-il faire pour l'Extérieur?

Républicain ou Monarchique, mais constitué par un Congrès et accepté par la Nation, s'identifiant avec le Pays, montrant une confiance entière au Peuple qui s'en est montré si digne, honorant la Révolution et s'appuyant sur elle, le Gouvernement ne pourra redouter, à l'Intérieur, ni émeutes, ni adversaires quelconques.

Et à l'Extérieur?

La Révolution de 89, les discussions de la Constituante, de la Législative et de la Convention, ont jeté partout, en Europe, les germes de la Liberté. — Nos conquêtes ont répandu nos Mœurs, nos Institutions et nos Lois. — Nos deux invasions de 1814 et 1816 elles-mêmes ont libéralisé les armées européennes. — Notre Presse et notre Tribune, sous la Restauration, ont encore éclairé les Peuples. — Enfin la lutte engagée depuis le 8 août fixe leur attention et captive leur intérêt, quand ils apprennent à la fois et le coup d'Etat et l'expulsion des Bourbons après trois jours de combat.

L'héroïque courage du Peuple de Paris, sa merveilleuse victoire, sa générosité sublime, excitent l'enthousiasme de l'Europe et l'admiration du monde.

Plus que jamais la Nation française paraît être la libératrice des nations : partout, en Europe, dans les deux Amériques, jusqu'au fond de l'Asie, à Delhi, à Madras et à Calcutta, on célèbre son triomphe comme le signal de la Liberté universelle ; partout on arbore ses couleurs, on chante sa *Parisienne* et sa *Marseillaise ;* on lui envoie des députations et des adresses ; on jure d'empêcher les Rois de l'attaquer; on brûle d'impatience de suivre son exemple : l'Ouvrier de Paris est un héros que tous les Ouvriers veulent imiter.

Autant et plus qu'en 89, 92 et 1815, tous les Trônes absolus sont ébranlés, toutes les Aristocraties sentent leur injuste domination et leurs priviléges menacés, et, comme alors, les Aristocrates et les Rois sont dans la nécessité de se liguer pour conjurer le danger commun.

Mais les dispositions de leurs Peuples paralysent leurs projets hostiles : examinez l'Angleterre, la Belgique, l'Espagne, l'Italie, la Prusse, l'Allemagne et la Hongrie ; considérez leur enthousiasme pour la Révolution française, et vous serez convaincus que la France tient dans ses mains les destinées de l'Univers, et que c'est elle qui peut dire aux rois : *Soyez sages !*

Qu'elle déploie donc toute sa force et sa puissance comme si tous les Rois devaient l'attaquer ! qu'elle se lève tout entière et s'enrégimente ! qu'elle ne s'occupe qu'à fabriquer des armes, et qu'elle se montre enfin debout et armée sur ses frontières ! qu'elle ne perde pas un instant ! qu'elle ne néglige rien! Plus son élan sera rapide et son armée nombreuse, plus son influence sera irrésistible et le succès certain.

L'enthousiasme qui l'anime, et qu'on peut exalter encore, renouvellera tous les prodiges; quelques jours suffiront pour réunir au Champ-de-Mars soixante mille gardes nationaux; quelques mois suffiront aussi pour organiser des millions de citoyens-soldats et de soldats-citoyens.

Qu'elle ne craigne rien! aucune Puissance n'est prête en 1830 et n'osera tenter de l'envahir avant qu'elle soit elle-même complétement organisée. La Prusse en fournira la preuve lorsque, sur la fin de septembre, voulant secourir son parent Guillaume, chassé par les Belges, elle s'arrêtera à la voix de la France menaçant de voler au secours de la Belgique.

Qu'elle ne craigne rien surtout dès qu'elle sera sous les armes! car, qui pourrait avoir la pensée de l'envahir alors!

Point de conquête! point d'atteinte à l'indépendance des autres nations!

Mais qu'elle ne consulte et n'écoute que la justice, sa dignité, son honneur, son intérêt et l'intérêt des Peuples, sans rien sacrifier à la crainte de la guerre!

Qui pourrait la faire hésiter? L'intérêt des Rois? Comme si la justice condamnait deux cents millions d'hommes habitant l'Europe à rester éternellement opprimés par quelques Rois, quelques Princes, et cinq ou six cent mille Aristocrates!...

Qu'elle se déclare donc l'appui des Peuples! qu'elle proclame que chacun d'eux a le droit de s'arranger comme il veut avec son Gouvernement; que les autres Gouvernements n'ont pas le droit d'intervenir; que, s'ils s'abstiennent, elle ne franchira pas sa frontière; mais que, s'ils veulent attaquer une Révolution populaire quelconque, elle est prête à s'élancer pour la secourir.

Sûr de n'avoir à lutter que contre son propre Roi et sa propre Aristocratie, chaque Peuple va s'affranchir! Dix Révolutions populaires vont éclater!

Dira-t-on que c'est un *rêve*, une *imagination*, une *illusion?*

Eh! les Révolutions de Belgique, de Suisse, de plusieurs petits États d'Allemagne, de Pologne et d'Italie, ne seront-elles pas une preuve incontestable, une démonstration sans réplique? Ces Révolutions éclateront quoique la France s'endormira presque désarmée! Que serait-ce si la France veillait sous les armes et promettait son appui!

Oui, qu'on accepte la réunion de la Belgique et l'alliance des peuples qui s'affranchissent! qu'on protège la généreuse Italie! qu'on reconnaisse et qu'on sauve l'héroïque Pologne!

Qu'on ne craigne pas la guerre, et l'on n'aura pas la guerre!

Mais si les Rois, entraînés par la fatalité, veulent tenter la chance des combats, alors la Propagande, au nom de la *Fraternité des Nations!*

Que la France menacée fasse un appel aux Peuples! quelle élève le drapeau de l'affranchissement! qu'elle aide partout les amis de la Liberté, et les amis de la Liberté, délivrés par son secours, viendront à sa défense! La Turquie et la Perse elle-même mettront peut-être cinq cent mille hommes à sa disposition! La victoire ne peut être douteuse.

Mais, encore une fois, on n'aurait pas la guerre; la paix serait bientôt certaine; l'industrie ne languirait pas, l'enthousiasme ne s'éteindrait pas, les Citoyens ne se diviseraient pas, la Liberté règnerait sur tous les Peuples, et la France, libre, tranquille, heureuse, serait la bienfaitrice des Nations.

Oui, qu'on y réfléchisse! la Révolution de Juillet est peut-être, de tous les événements qu'enregistre l'Histoire, celui qui pourrait avoir le plus d'influence sur le bonheur de l'Humanité.

Qu'il était facile d'en tirer les heureuses conséquences!

Qu'il faudra de déplorable génie pour tarir la source de tant de biens!

Que de douleur, que de regrets n'éprouve-t-on pas, quand

on pense au bonheur et à la gloire que des égoïstes raviront à leur Patrie !

Qu'ils sont coupables envers la France et tous les Peuples !

Et que d'imprécations la Postérité leur réserve, si la Liberté succombe dans la lutte que lui prépare le Despotisme !

Nous venons de voir ce qu'on aurait dû faire : voyons maintenant ce qu'on a fait.

CHAPITRE IV. — Révolution populaire escamotée.

§I — Conspiration Orléaniste pour s'emparer de la Révolution.

J'ai parlé d'un Parti Orléaniste existant certainement depuis 1829 au moins (page 5).

Quelques hommes de ce Parti *conspirent*. C'est Talleyrand qui est l'âme et le chef du complot.

« Dominé par les Prêtres, se dit-il, entraîné par le fanatique parti de Coblentz, Charles X nous repousse ou nous repoussera, tandis que le duc d'Orléans nous appellerait à lui. Le Peuple d'ailleurs est furieux ; une violente insurrection est infaillible, et la République ou Napoléon II seront proclamés. Alors, gare à nous tous, traîtres, auteurs, fauteurs et complices de la Restauration de 1814 et de l'Invasion de 1815 !... Non, nous ne pourrons nous sauver qu'avec le duc d'Orléans !... Mais, même avec lui, si la Révolution est populaire, si la Nation se réunit dans un Congrès, adieu nos places et notre crédit !... Et si la guerre exigeait un recours à l'énergie du Peuple, gare encore à nous !... Il nous faut donc le duc d'Orléans en place de Charles X, avec la *Charte* et la *paix*, c'est-à-dire une quasi-Révolution ou une quasi-Restauration, et une quasi-Souveraineté ou une quasi-Légitimité, en un mot, un *Juste-Milieu!* Il faut conserver nos Pairs, nos Député, nos Juges, nos Fonctionnaires, nos amis, et ne faire d'autre changement que celui de la branche aînée, à laquelle nous substituerons la branche cadette, et celui des Ministres, dont nous aurons les portefeuilles....

» Tout cela est bien difficile !.. Essayons cependant.

» Ne pourrions-nous pas séduire les uns en parlant de *Légalité*, d'*Ordre public*, de *Droits acquis?* effrayer les autres en leur montrant 93, le *Pillage* et l'*Impiété?* N'avons-nous pas de l'influence? Quand on verra que je m'en mêle, moi,

Talleyrand, qui ne conspire que quand le succès est certain, qui refusera de venir mériter les faveurs d'un astre nouveau? Ne sommes-nous pas sûrs de la majorité des Pairs et des Députés? Ne sommes-nous pas riches? et, en avançant trois ou quatre millions, ne pourrions-nous pas acheter six ou huit régiments?... N'aurons-nous pas facilement des Colonels qu'on fera Généraux, et des généraux auxquels on montrera le bâton de Maréchal? Qui pourrait nous empêcher de faire un 18 fructidor, ou un nouveau 18 brumaire, ou un nouveau 1er avril 1814; de faire, au commencement d'une séance, prononcer la déchéance de Charles X et de sa postérité, et l'élection du duc d'Orléans par les deux Chambres, appuyées de quelques régiments? Toute la Bourgeoisie n'applaudira-t-elle pas?

» Oui.... mais le Peuple? Eh bien! on lui prodiguera des éloges, on lui fera quelques concessions; on reconnaîtra, par exemple, sa *Souveraineté*, ce qui ne nous embarrassera pas plus que la reconnaissance de la *République* n'embarrassa l'Empereur. Le Peuple est si confiant! D'ailleurs, le prince se rendra populaire; il captivera facilement Laffitte, Lafayette et Dupont de l'Eure, qui le croient très libéral.

» Nous dirons aux *Patriotes :* Vous devez être contents, car vous avez la Souveraineté et un Roi républicain; aux *Légitimistes :* Vous devez être heureux, car nous évitons la République, et nous vous donnons un Bourbon; à l'*Étranger :* Vous devez être tranquilles, car nous avons le même intérêt que vous à contenir la liberté, à conserver l'ordre, à éviter tout ce qui pourra agiter notre Peuple et les vôtres; nous ratifierons les Traités, nous entrerons dans votre Sainte-Alliance, nous nous unirons à vous pour comprimer les Révolutions....

« Ah! tout cela est bien difficile et bien périlleux!..— Oui, mais.... la République! Napoléon II!... D'ailleurs nous nous rendrons nécessaires à la Garde nationale, aux Bourgeois, aux marchands, à tous... Et puis le *hasard!*.... Et puis, ne sera-t-il pas toujours temps de planter là le Pays? Essayons donc... Guettons la Révolution.... et tâchons de l'arrêter au passage.»

On voit que c'est une *intrigue* plutôt encore qu'une *con-*

spiration ; et, si les conspirateurs se décident à agir, ce ne sera que pour opérer une *Révolution de Palais*, de Janissaires ou de Chambres, ou pour escamoter et neutraliser une Révolution populaire.

Autour de Talleyrand se groupent l'abbé Louis, Decazes, de Broglie, Pasquier, etc....

Guizot (qui s'est fait admettre dans la société *Aide-toi, le ciel t'aidera*, pour se populariser et se faire élire Député), Sébastiani, Dupin et Bertin de Vaux, n'ont qu'un pied dans cette coterie.

Royer-Collard ne s'opposera pas, mais s'abstient.

Laffitte, bien que partisan du Duc, qu'il croit honnête homme, sincère et Patriote, reste en dehors ; mais, quand il en sera temps, on obtiendra sa coopération par Thiers et Mignet, qui mangent aussi souvent à sa table qu'à celle de Talleyrand.

Ces deux écrivains sont les principaux agents de ce dernier, qui, pour avoir un organe qui puisse adroitement préparer les voies, fonde ou fait fonder le *National* avec l'abbé Louis, et leur en confie la rédaction.

Quand ils apercevront l'Insurrection populaire, ils s'effraieront, parleront d'*imprudence* et d'*illégalité*, et même prendront la fuite ; mais ils reviendront bientôt après la victoire du Peuple, et ce sont eux qui, les premiers, proposeront, dans leur journal, de choisir *le duc d'Orléans* et de conserver *la Charte*.

Béranger, à qui l'on a fait une immense réputation de sagacité et de patriotisme, devient l'agent le plus actif peut-être et peut-être le plus influent de cette espèce de conspiration Orléaniste.

C'est lui qui probablement entraîne Mérilhou, Barthe, Odilon Barrot et des centaines d'autres, qui surveille et entretient Laffitte pour l'entraîner à propos, et qui toujours a soin d'exercer clandestinement son influence pour ne pas rencontrer de contradiction.

L'*ex-Carbonaro* de Schonen est peut-être le plus ardent des membres de cette coterie. C'est lui qui, sur la fin de 1829 et au commencement de 1830, sonde les *Carbonari* pour avoir leur appui ; et comme les Républicains montrent peu de dispositions à se compromettre pour le duc d'Orléans, il leur avoue que la Royauté ne sera qu'une *transition* à la République, qu'il chérit et désire autant qu'eux ; mais ses efforts sont inutiles.

Que d'autres mystères et que d'autres noms l'avenir dévoilera certainement !

Quoi qu'il en soit, cette coterie, dirigée par les roués de la Police et de la Diplomatie, et uniquement occupée des moyens d'escamoter la victoire, aura d'immenses avantages sur les Patriotes, qui, moins adroits et moins rusés, ne s'occuperont que des moyens de vaincre en combattant : ceux-ci se brûleront en tirant les marrons du feu ; ceux-là les mangeront !

Tout à l'heure nous les verrons agir.

§ 2. — Création orléaniste du National.

C'est chez le poëte Béranger que s'organise la fondation de ce journal dans l'intérêt du duc d'Orléans.

— Mais pourquoi créer ce nouveau journal, dit M. X...., appelé chez Béranger, et à qui l'on propose d'être l'un de ses fondateurs.

— Parce que, répond Thiers, nous voulons faire la contre-partie de la Révolution de 1688 en Angleterre (Révolution aristocrate et bourgeoise) ; et comme nous n'avons pas à choisir un gendre du Roi, nous choisissons un cousin.

— Le duc d'Orléans !... j'aimerais mieux la République ou Napoléon II.

— Nous ne voulons pas, reprend Béranger, de l'élève de l'Autriche.

— Et moi, je ne veux pas de l'élève de la Genlis. Je n'aurais pas confiance dans un homme qui s'élèverait sur les ruines de sa famille qui l'aurait comblé de bienfaits.

§ 3. — Le Duc approuve-t-il la conspiration?

Le Duc approuve-t-il, favorise-t-il la conspiration? — C'est une question qui peut intéresser beaucoup d'esprits oisifs et curieux; mais qu'importe au Peuple, et même quelle utilité pour l'Histoire?

Son parti a évidemment intérêt à le faire triompher, et son parti conspire pour lui.

Aussi, Paul-Louis Courrier, l'un des écrivains les plus populaires (s'appelant Paul-Louis, *vigneron*), a-t-il fait de ses vertus domestiques le plus magnifique éloge, en manifestant publiquement le désir de voir entre ses mains l'administration du Pays (1).

Aussi, le *Globe*, journal Saint-Simonien, a-t-il osé dire qu'avec deux régiments seulement le duc d'Orléans pourrait aller s'installer aux Tuileries, et que le Peuple se mettrait aux fenêtres pour voir passer la dynastie remplacée.

Aussi, Cauchois-Lemaire, autre écrivain qui ne manquait pas de popularité, a-t-il osé dire que la Couronne était dans la boue, et que le Duc n'avait qu'à se baisser pour la ramasser.

Aussi, Châtelain, rédacteur en chef du *Courrier français*, et l'un des écrivains regardés comme les plus honnêtes et les plus patriotes, s'est-il écrié dans la journée du 28 juillet : « Que la partie serait belle pour le duc d'Orléans, s'il avait le cœur de la jouer! »

---

(1) J'aime le duc d'Orléans, parce qu'étant né prince il daigne être *honnête homme*. Il ne m'a jamais rien promis; mais, le cas avenant, *je me fierais à lui*, et l'accord fait, je pense qu'il *le tiendrait sans fraude*, sans en délibérer avec les gentilshommes, ni en consulter *des Jésuites*.... S'il gouvernait, il ajusterait bien les choses, non seulement par la *sagesse* qui peut être en lui, mais par une vertu non moins considérable et trop peu célébrée. C'est son ÉCONOMIE, qualité, si l'on veut, *bourgeoise*, que la Cour abhorre dans un prince, mais pour nous si *précieuse*, pour nous administrer si *belle*, si... comment dirais-je? si *divine*, qu'avec elle je le tiendrais quitte *quasi de toutes les autres*. (PAUL LOUIS, *vigneron*.)

Cependant, Louis Blanc raconte un fait remarquable, dont voici la substance :

« Le 31 mai 1830, le duc d'Orléans donne une grande fête au Palais-Royal. Il y invite le Roi, qui s'y rend.—Averti de l'approche de Charles X, le fils de Philippe-Égalité va le recevoir, accompagné de sa famille, au bas de l'escalier, et s'inclinant profondément, il témoigne en termes expressifs à son souverain toute la reconnaissance qu'il éprouve de l'honneur insigne qui lui est fait.

»Au milieu de cette fête s'élève un grand tumulte dans le jardin, des lampions remplis de graisse brûlante sont lancés par des mains inconnues. Les femmes fuient et poussent des cris d'effroi. A ce spectacle, les ennemis du duc d'Orléans, invités à sa fête, se regardent un l'autre avec surprise. Des propos étranges circulent. On raconte que, le matin même, le Préfet de police est allé demander au Duc l'autorisation de placer dans le jardin quelques soldats pour éviter des désordres possibles, et que cette autorisation a été refusée. On interroge des yeux l'attitude du prince, qui, au milieu d'un groupe nombreux, semble prononcer de vives paroles, accompagnées de gestes animés.

» L'ordre ne tarde pas à être rétabli ; des troupes rassemblées d'avance dans le voisinage sont appelées ; et le bal se termine sans autre accident. Mais indiquer un but à des esprits incertains et leur donner quelque chose à vouloir, c'est créer une force. Une candidature venait d'être posée dans le tumulte d'une fête. »

(*Histoire de Dix ans*, tome Ier, page 167.)

— C'est une fête napolitaine, dit au Prince M. de Salvandy, nous dansons sur un volcan.

— Qu'il y ait un volcan, dit le duc d'Orléans, je le crois comme vous ; mais au moins la faute n'en est pas à moi : je n'aurai pas à me reprocher de n'avoir pas essayé d'ouvrir les yeux au Roi ; mais que voulez-vous ? Rien n'est écouté. Dieu sait où tout ceci mènera. — Certes, dit encore le duc d'Orléans, je ne sais ce qui arrivera, je ne sais où ils seront dans six mois ; mais je sais bien où je serai. Dans tous les cas, ma famille et moi, nous resterons dans ce palais. Quelque danger qu'il puisse y avoir, je ne bougerai pas d'ici... »

C'était connu de tout le monde, et c'était clair.

Écoutez d'autres faits qui peuvent indiquer les véritables sentiments du Duc : c'est Sarrans qui va raconter :

« .... Depuis long-temps M. Laffitte était affligé d'un véritable engouement pour M. le duc d'Orléans. Une Révolution à la façon de 1688 et Louis-Philippe sur le pavois, telle était l'idée fixe, la préoccupation exclusive de cet honorable citoyen, avec lequel on minaudait, du reste, fort agréablement. — « C'est un rêve, dit un jour le Duc au banquier, mais enfin, n'importe ; *quand je serai Roi*, que ferai-je pour vous ? — Vous me nommerez votre fou, le fou du Roi, afin que je puisse lui dire ses vérités. — C'est charmant. » — Et dans une autre circonstance, causant dans l'intimité, sur le canapé du banquier : — « *Si jamais je deviens Roi* et si vous veniez à supposer que l'ambition ou l'intérêt personnel m'ont décidé, j'en aurais le plus profond regret. Mon bonheur serait que la France fût le pays du monde le plus libre. Les Peuples, mon cher Laffitte, ne haïssent les Rois que parce que les Rois les ont toujours trompés. » — Et puis, poussant le fanatisme de la Liberté jusqu'à la méfiance de soi, il ajoutait, en s'adressant à Manuel : — « Cependant, si vous me portez au pouvoir, *vous serez bien bêtes si vous ne me garrottez pas....* » — (*Louis-Philippe et la Contre-révolution*, t. 1er, p. 137 et 138.)

Ainsi, le Duc allait chez M. Laffitte, et il y causait de sa royauté future, condamnant les Rois qui trompent les Peuples, promettant toute la liberté possible, déclarant que ce serait une folie de ne pas prendre des garanties contre lui-même.

§ 4. — Puissance du Parti Orléaniste.

Si la Conspiration n'est pas nombreuse, le Parti est très étendu, riche et puissant ; car, comme depuis 1789, il comprend la Bourgeoisie presque entière, presque tous les 221, la majorité de la Garde Nationale, même une grande partie du Peuple égarée et entraînée, surtout beaucoup de grands fonctionnaires, et notamment beaucoup d'officiers généraux, à la tête desquels se trouvent les deux plus célèbres, Foy et Gérard, dévoués depuis long-temps au Duc, dont sa femme est la parente.

Par Béranger et par Laffitte (qui paraît avoir pour le Prince la confiance d'un amant pour sa maîtresse), on aura Dupont (de l'Eure) et l'appui de sa réputation de haute vertu patriotique.

On aura aussi Arago, l'une des plus grandes influences scientifiques, intimement lié avec la famille d'Orléans, intimement lié aussi avec beaucoup de généraux, et surtout avec Marmont.

Lafayette, qui depuis long-temps se dit Républicain, qu'on croit Républicain, et qui est la plus grande popularité du temps, on est sûr de le gagner en caressant, il faut le dire, son incroyable vanité (1), en employant à le séduire des hommes qui l'entourent constamment. Carbonnel (devenu depuis général), J..... (ancien Carbonaro républicain, devenu depuis directeur général des octrois, avec 30 à 60,000 francs d'appointements), pourront le préparer à l'Orléanisme, tandis que Gérard et Odilon Barrot le détermineront peut-être clandestinement.

Mais alors le Parti Républicain, qui depuis long-temps concentre toute sa confiance en Lafayette, et qui ne compte dans ses rangs aucun autre homme influent, se trouve comme trahi, vendu, désorganisé, paralysé, réduit à l'impuissance.

— Vous meniez au combat des hommes déterminés, dit, le 29, le général Pajol à l'un des principaux Républicains (M. Degousée) : pouvez-vous compter sur leur zèle? — Sans doute.

— Assez pour leur donner l'ordre d'arrêter les Députés?

— Oh! pour cela, je n'oserais en répondre.

— Dans ce cas, la Révolution est avortée. (Louis Blanc, *Histoire de Dix ans*, t. 1, p. 313.)

Et cette prévision du général Pajol est juste ; car les Républicains se trouvent trop faibles, et les Députés vont tout emporter avec le parti Orléaniste.

Ces explications peuvent faire deviner d'avance que la Ré-

---

(1) On affirme que le Duc lui fait espérer le mariage de son fils aîné avec l'une de ses petites filles.

volution populaire est anéantie, pour être transformée en une Révolution Orléaniste ou Bourgeoise.

§ 5. — Premiers actes en faveur du duc d'Orléans.

Nous avons vu (page 38) que, dès le 28, et pendant que le Peuple n'est occupé qu'à se battre, Laffitte, allant en députation chez Marmont, propose, avant de partir, le duc d'Orléans, et que le reste de la députation (Mauguin lui-même) paraît l'accepter. On peut donc dire que, dès le 28, le duc d'Orléans est proposé et accepté par les Députés, et ajoutons que c'est Arago qui part avant la députation pour disposer Marmont à la recevoir et à cesser le feu.

Puis, le 29 au matin, Laffitte envoie dire au Duc d'Orléans, à Neuilly, qu'il évite les *filets de Saint-Cloud.*

Puis, le 30, il envoie de nouveau dire au duc : « *Une couronne ou un passeport !* »

Les premiers fonctionnaires choisis par l'influence de Laffitte dans les réunions de Députés (Lafayette, Gérard, C. Périer, Lobau, Mauguin, de Schonen, Audry de Puiraveau, et leurs secrétaires, Odilon Barrot, Mérilhou, Barthe) sont tous Orléanistes prononcés ou disposés à le devenir.

§ 6. — Le National proclame le duc d'Orléans.

Mais tandis que les Patriotes ne s'occupent qu'à s'organiser militairement pour repousser de nouvelles attaques et pour expulser Charles X, qui se retire à Rambouillet, les Orléanistes ne s'occupent qu'à faire proclamer leur roi.

Vainement les Insurgés, entourant Lafayette et la Commission à l'Hôtel-de-Ville, et mettant en eux toute leur confiance, crient-ils : *Plus de Bourbons! plus de Bourbons !* Vainement demandent-ils l'exercice de la Souveraineté du Peuple et la convocation d'une nouvelle Assemblée nationale, ce sont quelques Députés, quelques Pairs, quelques Orléanistes qui vont tout décider ailleurs ; c'est surtout Laffitte, véritable dictateur des 28, 29 et 30 juillet.

Dès le 30, entre quatre et cinq heures du matin, Larréguy, Thiers et Mignet sont chez lui.

Puisque Thiers et Mignet s'y trouvent, c'est comme si Talleyrand s'y trouvait.

Carrel y vient ensuite, amenant des commissaires rouennais, avec lesquels il part bientôt après pour aller soutenir la Révolution à Rouen, puis dans la Vendée.

« *Les Députés veulent conserver Charles X!* s'est écrié « Laffitte ; hâtons-nous de proclamer le duc d'Orléans ! » — Et de suite Thiers a rédigé la PROCLAMATION suivante :

» Charles X ne peut plus rentrer à Paris ; *il a fait couler le sang du Peuple.* La République nous exposerait à d'affreuses divisions ; elle nous brouillerait avec l'Europe. — Le duc d'Orléans est un prince dévoué à la cause de la Révolution. — Le duc d'Orléans ne s'est jamais battu contre nous. — Le duc d'Orléans était à Jemmapes. — Le duc d'Orléans EST UN ROI citoyen (comme s'il était déjà roi !). — Le duc d'Orléans a porté au feu les couleurs tricolores. — Le duc d'Orléans *peut seul* (quelle absurdité !) les porter encore ; nous n'en voulons pas d'autres. — Le duc d'Orléans *s'est prononcé* (quand? comment ? où ?). — *Il accepte la Charte* (à qui l'a-t-il dit avant le 30 au matin ?) telle que *nous* (nous ! qui ?) l'avons toujours entendue et voulue. — C'est du PEUPLE FRANÇAIS (quelle déception !) qu'il tiendra la couronne. »

Cette proclamation est imprimée, affichée, distribuée le 30, avec ces mots : de *l'imprimerie du Gouvernement*, pour faire croire que le Gouvernement est définitivement constitué : cette ruse n'est-elle pas du Talleyrand tout pur?

Il faut la faire insérer dans les journaux ! C'est facile... On a le *National*, Larréguy rédige le *Commerce*, Thiers se charge du *Courrier* et Mignet du *Constitutionnel*. Elle paraîtra dans tous ces journaux et dans d'autres.

Ainsi, cette première proclamation, rédigée par Thiers et Mignet, sous les yeux de Laffitte, qu'approuve certainement Béranger, et qu'approuvent aussi, en la publiant, le *Courrier français*, le *Constitutionnel* et le *Commerce*, parle de LA CHARTE, c'est-à-dire conserve la Charte de 1814 !

N'est-ce pas, dès le 30, l'anéantissement de la Révolution?

Etre Orléaniste, croire que le Duc d'Orléans peut être utile et même nécessaire à la France dans cette situation, nous le concevons encore; mais conserver la Charte octroyée, quelle responsabilité pour Thiers et Mignet, pour Laffitte et Béranger, pour les journaux qui publient, sans réserve, cette étrange proclamation !

Remarquons aussi que cette proclamation repousse expressément la République, et doit irriter les Républicains et Lafayette, si Lafayette n'est pas déjà gagné au parti d'Orléans; mais, depuis le matin de ce jour même, Lafayette est Orléaniste; car écoutons Odilon Barrot.

§ 7. — Lafayette abandonne la République pour le duc d'Orléans.

Voici ce qu'Odilon Barrot a permis à Sarrans de publier dans son livre (*Louis-Philippe et la Contre-Révolution*, t. 2, p. 15) :

« Les uns ont choisi, les autres ont accepté, le duc d'Orléans, la plupart sans le connaître personnellement, comme celui qui, par les antécédents de sa jeunesse, donnait le plus de gages à notre Révolution, et pouvait le mieux se marier avec elle. Je ne désavoue pas que je suis un de ceux qui, à l'Hôtel-de-ville, où j'avais été envoyé, comme secrétaire de la Commission Municipale, par la réunion des Députés, ont le plus chaudement adopté et appuyé cette combinaison. Je n'avais pas, je le sais, une grande importance personnelle; mais le général Lafayette avait quelque amitié pour moi et quelque confiance dans mon jugement. J'ai usé de cette influence pour le déterminer en faveur du duc d'Orléans. Les amis personnels du Roi voulaient bien reconnaître alors que tout dépendait de cette détermination, et ils la sollicitaient avec une bien vive instance. Ses émissaires se succédaient auprès de Lafayette; on le relançait jusque dans son sommeil. Une conférence eut lieu dans sa chambre, *le vendredi 30, au matin*, je crois, dans laquelle la question du duc d'Orléans fut discutée sous toutes les faces, et enfin résolue en faveur du prince. Au reste, tous les partis s'accordaient alors à reconnaître dans le général Lafayette l'arbitre suprême. C'est à lui aussi que les Républicains adressaient leurs députations, pour le presser de se déclarer Dictateur. J'ai assisté à ce grand mouvement, dégagé de tout intérêt, de toute affection, de toute vue personnelle, et, par conséquent avec assez de sangfroid pour le bien juger; et je déclare, sur mon âme et conscience, qu'à ce moment le général Lafayette a été maître du dénoûment de la Révolution; je crois même qu'il lui aurait été plus aisé de faire chorus avec le Peuple, et de crier : *Plus de Bourbons!* que de persuader à ce même peuple que le duc d'Orléans n'était pas un Bourbon. Le duc d'Orléans a sans doute fait un acte habile et courageux lorsqu'il est venu à l'Hôtel-de-Ville; le moment était décisif, et c'est bien vraiment là qu'il a reçu la couronne; mais certes il n'y serait pas venu, s'il n'avait pas su d'avance, par ses amis, que Lafayette l'adoptait; ou, s'il y était venu contre le vœu du général, il n'en serait pas sorti roi des Français. »

Ainsi, dès le 30 au matin, Lafayette, déterminé par Odilon Barrot, abandonne la République et les Républicains pour accepter le duc d'Orléans; Odilon Barrot, nommé secrétaire à l'Hôtel-de-Ville, sur la recommandation de Laffitte, ne manque certainement pas d'en informer à l'instant celui-ci, et c'est probablement ce qui détermine Thiers à condamner, à repousser formellement la République, sans craindre aucun démenti.

§ 8. — Réunion des Républicains chez Lointier.

Pendant ce temps, les Républicains se trouvent réunis chez Lointier, et Béranger n'a pas manqué de s'y rendre pour les entraîner ou les paralyser. Car c'est là que sa présence est le plus nécessaire.

Aussi (et c'est probablement convenu avec lui), Larréguy, qui sort de chez Laffitte, s'empresse-t-il de courir chez Lointier avec Combe-Siéyès (nom populaire alors), pour y soutenir Béranger et proposer, avec lui, le duc d'Orléans, qui vient d'être proclamé par Laffitte et le *National*.

Les uns consentent, mais en prenant la *protestation des Cent-Jours* pour point de départ et en exigeant toutes les garanties nécessaires. D'autres refusent, demandent la République, et déclarent, d'ailleurs, que *la Nation seule a le droit de choisir son Gouvernement*.

Et cette masse, qui s'indigne et s'irrite contre Béranger lui-même, décide l'Adresse à la Commission Municipale (dont nous avons parlé page 45), pour s'opposer à la proclamation d'aucun nom.

§ 9. — Acceptation du Duc par les Députés chez Laffitte.

Cependant les députés se réunissent chez Laffitte sur les dix heures. — Presque tous ceux qui sont à Paris s'y trouvent. — De Broglie s'y rend aussi plus tard.

« Le peuple veut proclamer la *République* ou *Napoléon II*, s'écrie-t-on avec effroi. — Le seul moyen de l'empêcher, répond Laffitte, c'est de proclamer le *duc d'Orléans*.

» Le duc d'Orléans! s'écrie une voix... Y pensez-vous? En placardant son nom sur tous les murs et sur tous les arbres du boulevart, vous n'obtiendrez pas cinquante voix pour lui ! »

Dupin, au contraire, retrouve toute sa chaleur et toute son éloquence pour faire adopter la proposition Laffitte.

«Puisqu'il s'agit de constituer un Gouvernement, dit celui-ci, allons à la Chambre! — Partons ! partons ! »

Tout à l'heure, beaucoup d'entre eux (Sébastiani, Dupin, Casimir Périer, etc.) prétendaient n'avoir plus aucun mandat ni aucune qualité. — Et cependant les voilà sur leurs siéges de députés !

Que vont-ils faire ?

§ 10. — Le Duc est prié de venir exercer les fonctions de Lieutenant-Général du Royaume.

Là se trouvent réunis 40 à 50 députés de toutes les nuances d'opinion. Laffitte est choisi pour président.

On remet à Laffitte les Ordonnances qui appellent au ministère Gérard et Casimir Périer ; mais Laffitte, qui redoute encore un retour de beaucoup de Députés à Charles X, refuse brusquement en disant : « Je ne suis pas la petite poste de Charles X ».

Je supprime les détails; la chose capitale est qu'on décide

que cinq commissaires se rendront auprès des **Pairs**, pour délibérer avec eux sur ce qu'il convient de faire.

Pour la nomination de ces cinq commissaires, on procède au scrutin, qui donne :

A Augustin Périer,	34 voix;
A Sébastiani,	33;
A Guizot,	32;
A B. Delessert,	31;
A Hyde de Neuville,	28;

Voilà l'esprit de cette réunion; elle est Orléaniste ou Légitimiste, sans avoir certainement rien de populaire.

Après une assez longue conférence avec 20 ou 25 Pairs réunis chez le Grand-Référendaire, où se trouvent M. de Mortemart et probablement Talleyrand, les cinq Commissaires rapportent l'opinion qu'il faut inviter le duc d'Orléans à venir exercer les fonctions de Lieutenant-Général du Royaume. La proposition mise aux voix, trois disent non, et le reste dit oui.

Bérard rédige alors un projet d'après lequel le Duc serait nommé Lieutenant-Général du Royaume pour trois mois, temps pendant lequel on discuterait le pacte social, qui serait soumis à l'acceptation du Pays. Mais le projet est violemment repoussé comme révolutionnaire; et c'est Sébastiani qui présente la rédaction suivante :

« La réunion des Députés actuellement présents à Paris a pensé qu'il était urgent de prier S. A. R. Monseigneur le duc d'Orléans de se rendre dans la capitale *pour y exercer les fonctions de Lieutenant-Général du Royaume*, et de lui exprimer *le vœu de conserver les couleurs nationales*. Elle a de plus senti la nécessité de s'occuper sans relâche d'assurer à la France, dans la *prochaine session des Chambres*, toutes les garanties indispensables pour la pleine et entière exécution de *la Charte*. »

Et cette rédaction est adoptée sans modification !

Ainsi (la Postérité pourra-t-elle le croire !) voilà quelques Députés qui, au milieu d'une Révolution populaire, au nom d'un Peuple, si grand dans le péril et dans la victoire, sans le consulter, contrairement à son vœu manifeste, révoquent implicitement la Commission Municipale installée par les vainqueurs à l'Hôtel-de-Ville, et la remplacent par un Lieutenant-Général, qui n'est autre chose qu'un dictateur provisoire ! Ils maintiennent la Charte et les Chambres ! Ils ne nomment pas même un Lieutenant-Général, mais ils prient le Duc de venir en exercer les fonctions, comme s'il était Lieutenant-Général par la volonté de Charles X, ou par le droit de sa naissance ! Ils semblent même reconnaître que le Peuple n'aurait pas le droit de conserver la cocarde tricolore, qu'il vient de reconquérir, si le Duc ne lui en accordait pas la permission !

N'est-ce pas anéantir ou livrer la Révolution populaire ?

Et ces hommes sont sans aucun mandat, sans aucun pouvoir légal ; car, récemment élus, leurs pouvoirs ne sont pas vérifiés ; la session, fixée au 3 août, n'est pas encore ouverte ; les membres ne sont pas en nombre pour délibérer ; et d'ailleurs, ce n'est pas pour nommer un Lieutenant-Général que les électeurs les ont envoyés : ils n'ont pas plus de droits que tous autres citoyens ; et l'Hôtel-de-Ville, les Républicains, le Peuple lui-même, pourraient tout aussi bien qu'eux constituer un Gouvernement.

Et tout est fait par eux dans les ténèbres, car ils n'ont pas même voulu admettre les journalistes dans les tribunes, sous l'audacieux prétexte que ce n'était pas une *séance*, mais une *réunion*.

Inutiles réflexions ! C'est là un fait accompli ; et si les Orléanistes ont déployé de l'audace et de l'activité, pourquoi les Patriotes qui se trouvaient au milieu d'eux, pourquoi la Commission Municipale, pourquoi l'Hôtel-de-Ville, leur ont-ils tout laissé faire ?

Une députation de douze membres est à l'instant désignée pour porter cette prière au duc d'Orléans ; et, comme on ne le trouve pas au Palais-Royal, on le fait prier de se rendre immédiatement à Paris.

§ 11. — Le Duc appelle M. de Mortemart.

Le Duc arrive, dans la nuit, au Palais-Royal, et fait appeler M. de Mortemart vers les trois heures du matin.

« Duc de Mortemart, lui dit-il, si vous voyez le Roi avant moi, dites-lui qu'ils m'ont amené de force à Paris, mais que je me ferai mettre en pièces plutôt que de me laisser poser la couronne sur la tête. Le Roi m'accuse sans doute de ce que je ne suis pas allé à Saint-Cloud, j'en suis fâché ; mais j'ai été instruit que, dès le mardi soir, on l'excitait à me faire arrêter. Je n'ai pas voulu aller me jeter dans un guêpier. La réunion des Députés m'a nommé Lieutenant-Général du Royaume, pour empêcher Lafayette de proclamer la République. Vos pouvoirs s'étendent-ils jusqu'à la faculté de me reconnaître dans ces fonctions ? »

M. de Mortemart ayant répondu négativement, le Duc écrit alors à Charles X une lettre, que M. de Mortemart emporte cachée dans sa cravatte.

Quel est le sens de cette lettre ? Puisqu'on la cache, elle n'est pas de nature à plaire au Peuple insurgé. Et d'ailleurs il est impossible de supposer qu'elle n'est pas faite pour rassurer Charles X ; mais ce n'est pas là l'important.

§ 12. — Talleyrand consulté conseille au Duc l'acceptation.

Avertie de l'arrivée du Duc, la Députation se rend de nouveau au Palais-Royal, le 31, vers neuf heures du matin.

Quoique Sébastiani n'en soit pas le président, c'est lui qui prend la parole, et c'est lui qui désormais usurpe toujours le premier rôle, lui qui, dès le principe, s'opposait à l'Insurrection.

Le Duc demande un moment pour réfléchir et consulter *quelqu'un*, puis rentre dans son cabinet avec Sébastiani.

Puis il envoie Sébastiani chez Talleyrand, qui répond : « Il peut accepter. »

Puis il déclare à la députation qu'il accepte les fonctions de Lieutenant-Général du Royaume.

Ainsi voilà Talleyrand, le traître de 1814, qui se trouve le conseil, le guide, la boussole et le génie du Prince auquel on confie la Dictature !

§ 13. — Proclamation publiée par le Duc.

La proclamation du Duc est aussitôt affichée partout. La voici :

« Habitants de Paris, *les Députés de la France* en ce moment réunis à Paris m'ont exprimé le *désir* que je me rendisse dans cette capitale pour y *exercer les fonctions de Lieutenant-Général du Royaume.*

» Je n'ai pas balancé *à venir partager vos dangers*, à me placer au milieu de votre *héroïque population*, à faire tous mes efforts pour *vous préserver des calamités de la guerre civile et de l'anarchie.*

» En rentrant dans la ville de Paris, je portais avec orgueil les couleurs glorieuses que *vous avez reprises*, et que j'avais moi-même long-temps portées.

» *Les Chambres* vont se réunir et aviseront aux moyens d'ASSURER *le règne des lois et le* MAINTIEN *des droits de la Nation.*

« UNE *Charte* sera désormais une VÉRITÉ.

» *Signé* : LOUIS-PHILIPPE D'ORLÉANS. »

Mais non, ce ne sont pas les Députés de la France; c'est seulement un très petit nombre de ces Députés, sans aucun droit en l'absence des autres.

Il a du moins la pudeur de parler seulement d'invitation et non de prière. Mais pourquoi parler encore de crainte de guerre civile et d'anarchie, quand la population s'est montrée si unanime et si généreuse ?

Il annonce la réunion des Chambres, au jour fixé par Charles X, comme s'il n'y avait point de Révolution ! Enfin, il parle non d'une Constitution, mais d'une Charte, et encore le mot UNE ne semble-t-il être qu'une amorce, car il est presque immédiatement remplacé par le mot LA, en sorte que c'est la Charte de 1814 qu'on annonce l'intention de conserver ou de rétablir !

§ 14. — Cris contre cette Proclamation.

Affichée vers une heure, cette proclamation excite presque partout des cris de réprobation.

Un homme qui la répand dans les environs du Palais-Royal est presque assommé dans la rue.

« *C'est un Bourbon !*—s'écrie-t-on sur la Place de l'Hôtel-de-Ville ; *Plus de Bourbons ! Plus de Bourbons !* ».

Et, pour paralyser ce cri, Thiers rédige à l'instant un placard affiché partout : LE DUC D'ORLÉANS N'EST PAS UN BOURBON, MAIS UN VALOIS. — Ce qui n'est pourtant qu'un effronté mensonge.

Mais Lafayette s'est déjà secrètement décidé pour le Duc d'Orléans. La Commission Municipale tout entière l'accepte aussi, sans faire connaître encore son acceptation ; et, par conséquent, les Républicains se trouvent réduits à l'impuissance. Sans chefs, sans argent, sans influence, sans pouvoir, ils ne peuvent pas même faire afficher des proclamations républicaines, parce que M. de Broglie, ministre provisoire de l'Intérieur, nommé par la Commission Municipale, a déjà fait défense aux imprimeurs d'en imprimer aucune.

Les Orléanistes, au contraire, ont déjà tout à leur disposition ; ils ont organisé des bandes pour semer partout l'éloge du Duc et la haine de la République ; l'une de ces bandes se porte même en armes dans les bureaux du journal Républicain la *Tribune*, alors rédigée par les frères Fabre, et les fusillerait peut-être, sans l'intervention de quelques Gardes nationaux, accourus d'un poste voisin.

Mais les Députés qui ont prié le Duc d'Orléans de venir exercer les fonctions de Lieutenant-Général du Royaume se sont ajournés à une heure pour entendre le rapport qui leur sera fait par la députation : retournons donc au Palais-Bourbon.

§ 15. — Adresse des Députés à la Nation.

Leur nombre est de *quatre-vingt neuf* sur quatre cent trente.

Comme hier, sous le prétexte que ce n'est pas une séance législative, mais une simple réunion, le public est exclu des tribunes : c'est encore un conciliabule.

Laffitte lit la proclamation du Duc, et cette lecture excite de nombreuses acclamations. — On en ordonne l'impression à dix mille exemplaires.

On s'en tiendrait probablement là, si Odilon Barrot, envoyé par Lafayette et la Commission Municipale, ne venait pas exprimer le vœu qu'on stipulât quelques garanties en faveur du Pays.

Salverte propose alors d'adopter la Déclaration des Représentants de 1815 (tome IV, p. 620); mais on préfère une *Adresse à la Nation*, et c'est Guizot qui la rédige avec Villemain, Bérard et Benjamin Constant.

« La France est libre; le Pouvoir absolu levait son drapeau, l'*héroïque population* de Paris l'a abattu... Paris *attaqué* a fait triompher par les armes la *cause* sacrée qui venait de triompher en vain dans les élections. Un Pouvoir *usurpateur* de nos droits, *perturbateur* de notre repos, menaçait à la fois *la Liberté et l'Ordre* : nous rentrons en possession de l'Ordre et de la Liberté. Plus de crainte pour les *droits acquis;* plus de barrière entre nous et *les droits qui nous manquent encore*.

» Un gouvernement qui, *sans délais,* nous garantisse ces biens, est aujourd'hui le premier besoin de la Patrie

» Français, ceux de vos Députés qui se trouvent déjà à Paris se sont réunis; et, en attendant l'intervention régulière *des Chambres*, ils ont *invité* un Français qui n'a jamais combattu que pour la France, M. le duc d'Orléans, *à venir exercer les fonctions de Lieutenant-Général du Royaume*. C'est à leurs yeux le plus sûr moyen d'accomplir promptement *par la paix* le succès de la plus légitime *défense*.

» Le duc d'Orléans est dévoué à la cause nationale et constitutionnelle; il en a toujours défendu les intérêts et professé les principes : il respectera nos droits, car il *tiendra de nous les siens*.

» Nous assurerons par des lois toutes les *garanties* nécessaires pour rendre la Liberté forte et durable;

» Le rétablissement de la Garde nationale, avec l'intervention des Gardes nationaux dans le choix des officiers ; l'intervention des citoyens dans la formation des administrations départementales et municipales : le Jury pour les délits de la presse; la responsabilité légalement organisée des ministres et des agents secondaires de l'administration; l'état des militaires légalement assuré; la réélection des Députés promus à des fonctions publiques.

» Nous donnerons à nos institutions, *de concert avec le Chef de l'État*, les développements dont elles ont besoin.

» Français, le duc d'Orléans lui-même a déjà parlé, et son langage est celui qui convient à un pays libre : *Les Chambres vont se réunir*, vous dit-il; elles aviseront aux moyens d'assurer le règne des lois et le maintien des droits de la Nation.

» LA CHARTE sera désormais une vérité. »

Ainsi, cette Adresse conserve de nouveau la Charte de 1814 et les Chambres; elle reconnaît bien encore l'héroïsme de la population de Paris, et promet qu'il n'y aura plus de barrière pour les Droits qui nous manquent encore; mais elle ne parle que de défense et non de Révolution; elle ne dit pas un mot des intérêts populaires; elle n'offre pas plus de concessions que n'en offrait le ministère Martignac, et en présente beaucoup moins que n'en consentirait probablement Charles X.

Les vainqueurs devront en être furieux.

Mais les Députés orléanistes ou légitimistes, dont elle assure le triomphe, et qui se trouvent là réunis en majorité, l'accueillent avec enthousiasme et la votent *sans discussion*.

Girod de l'Ain demande, avec chaleur, qu'elle soit imprimée et portée de suite, par tous les députés, au Lieutenant-Général. — Tous se lèvent en masse.

« Je ne puis vous accompagner, dit Laffitte, blessé au pied en franchissant, le 28, une barricade. — Vous êtes l'homme *populaire* d'aujourd'hui, lui dit l'un... Vous serez notre *paratonnerre*, lui dit l'autre! Venez en chaise à porteur; venez, venez!... — Allons! »

§ 16. — Visite des Députés au Palais-Royal.

« Nous ne saurions décrire, dit le *National* ou plutôt M. Thiers, *les transports d'allégresse* qui ont accueilli les Députés sur leur passage; c'est à travers *une haie d'hommages et d'applaudissements* qu'ils sont arrivés au Palais-Royal. Le prince les a reçus avec une cordialité qui s'associe noblement avec la popularité de nos représentants. »

Voilà la fable ; voici la vérité.

Un tambour aviné et chancelant, puis quatre huissiers ouvrent la marche : quelques gamins escortent le petit peloton de Députés qui, au milieu d'un silence presque continuel, semble se glisser au Palais-Royal.

Bérard a précédé ses collègues : il annonce leur visite et leur Adresse. — « *Ah! mon cher Bérard, que je souffre là*, dit le Duc en portant la main sur son cœur? *C'est moi qui vais tuer la République, moi qui suis Républicain!* »

Les Députés entrent. Laffitte est en avant.... Sa jambe blessée est seulement enveloppée de bandelettes : des pantoufles sont à ses pieds... Ce singulier costume fixe les regards du Duc... Ne regardez pas mes pieds, dit Laffitte, mais mes mains : ce que je tiens (l'Adresse) est bien beau ; c'est une *Couronne!* — Puis il lit solennellement l'Adresse.

« Comme *Français*, répond le Duc (*Moniteur* du 1er août), je déplore le mal fait au pays et le sang qui a été versé ; comme *Prince*, *je suis heureux de contribuer au bonheur de la Nation*. Messieurs, nous allons à l'Hôtel-de-Ville. »

Et il embrasse Laffitte avec effusion, en le pressant sur son cœur (comme si Laffitte lui faisait grand plaisir et lui rendait un grand service)

§ 17. — Visite à l'Hôtel-de-Ville.

Le Duc ne s'y rend que parce qu'il est parfaitement sûr qu'il y sera bien accueilli par Lafayette et par la Commission Municipale ; il s'y rend d'ailleurs escorté par Laffitte, qui se trouve alors l'homme le plus populaire avec Lafayette ; par Benjamin Constant, qui jouit aussi d'une grande popularité, par Gérard et quelques uns de ces deux cent vingt-et-un que leur résistance à Charles X a subitement rendus puissants sur l'opinion publique.

« Les expressions manquent, dit Thiers dans *le National* du 1er août, pour peindre *l'enthousiasme* qui, de toutes parts, a éclaté sur le passage du Prince et des Députés. L'air retentissait sans cesse d'*acclamations* qui exprimaient toutes les joies d'un peuple *jaloux de sa Liberté, et heureux de recueillir le fruit de ses héroïques efforts.* Au sein même de l'Hôtel-de-Ville, *ces acclamations ont redoublé*, lorsque *M. Laffitte a fait recommencer par M. Viennet* la lecture de la proclamation. Cette journée couronne dignement celles qui ont mis dans un jour si éclatant *les vertus de la population parisienne.* »

Non, cet enthousiasme impossible à peindre, ces acclamations, ce redoublement à l'Hôtel-de-Ville, ne sont pas la vérité.

Jusqu'à la place de Grève, on entend des cris, tantôt pour le Duc, et tantôt pour Laffitte; mais sur la place, on n'entend plus que *vive la Liberté! vive Lafayette! vive la République! plus de Bourbons!*

Il faut même du courage pour affronter le bruit de cette mer populaire.

Cependant le Prince monte, appuyé sur Laffitte...

Lafayette et la Commission le reçoivent dans la grande salle, et les vainqueurs l'entourent au milieu d'un morne silence.

En abordant le Général, le Duc lui tend la main, se jette à son cou, et l'embrasse affectueusement.

L'Adresse est lue à l'assemblée.

Après cette phrase de l'Adresse, *le jury pour les délits de la presse*, le Duc dit et répète plusieurs fois : *Il n'y en aura plus... il n'y en aura plus...*

Vive le duc d'Orléans! s'écrie de Schonen, membre de la Commission Municipale, et quelques voix de Députés répètent ce cri, auquel les jeunes gens répondent par celui de *Vive Lafayette!*

Le Duc l'amène vers le balcon, saisit un drapeau tricolore, se montre au Peuple, qui crie un peu *Vive le duc d'Orléans!* et beaucoup *Vive Lafayette!*

Le Lieutenant-Général, secrètement appelé par Lafayette, invité ou prié par les Députés, se trouve donc ainsi confirmé par l'Hôtel-de-Ville et par Lafayette.

« —Tenez mieux vos serments, Monsieur, lui dit le général Dubourg d'un air qui paraît dur alors, vous voyez comme nous arrangeons ceux qui les violent. Vous connaissez nos besoins et nos droits : si vous LES OUBLIEZ, *nous vous les rappellerons!* — Ah! Monsieur (répond le Duc avec l'accent d'une profonde affliction, et en portant la main sur son cœur), si vous me connaissiez, vous n'exprimeriez pas un pareil soupçon. — Je vous connais bien, réplique le Général en se retournant du côté des hommes qui ont combattu. »

Sans vous, peuvent dire aussi les vainqueurs à Laffitte et Lafayette, le Duc et les Députés ne seraient rien aujourd'hui : c'est vous seuls qui nous imposez un Roi ; c'est vous qui placez sur le trône un Bourbon ; vous en êtes garants et responsables ; s'il peut l'oublier un jour, ne l'oubliez jamais vous-mêmes !.....

§ 18. — Projet d'insurrection républicaine.

Cependant, dès le matin de ce jour 31, une foule de projets violents circulent contre le duc d'Orléans : car écoutez Sarrans, ou plutôt Laffitte, cité par lui :

« De grands événements (dit M. Laffitte dans une correspondance que j'ai sous les yeux), de grands événements pouvaient se passer dans le trajet du Palais-Royal à l'Hôtel-de-Ville. Parmi les hommes énergiques, un grand nombre n'étaient pas pour lui : quelques uns voulaient le fils de Napoléon, les plus chauds combattants des trois jours étaient pour consulter le pays. Le Peuple ne veut pas de Bourbons. Lafayette et moi... *Nous aurions tort peut-être maintenant*, mais alors nous avions raison... Sans nous, on proclamait la République. Le matin, de bonne heure, trois ou quatre mille jeunes gens voulaient enlever le duc d'Orléans et le conduire à Cherbourg. Ils entendirent la voix de Lafayette, qui refusa de signer l'ordre. D'autres menacèrent la Commission Municipale de la poignarder, si elle ne conservait pas le Pouvoir. Audry de Puiraveau et Mauguin voulurent tout attendre de la sagesse du Pays ; ils ne permirent et ne craignirent aucune violence. — On était furieux surtout de l'audace de la Chambre des Pairs. Un autre moyen plus terrible et plus sûr fut mis en délibération. Cinquante personnes bien soutenues, montées sur les bornes de la rue de Tournon et de la rue de Vaugirard, criant : *Les Pairs viennent de proclamer Henri V!* les portes étaient enfoncées, et il n'en restait pas un en vie. Ce projet fut communiqué à M. Mauguin.—« Qu'en dit Lafayette? répondit l'honorable membre de la Commission Municipale. — On ne l'a pas consulté. — Eh bien! voici sa réponse, la mienne, celle de tous mes amis : Une goutte de sang, et nous maudissons tous, en nous retirant, une pareille Révolution. » — De tous ces dangers, un seul menaçait encore le prince au moment où il se rendait à l'Hôtel-de-Ville. Vingt jeunes gens des plus ardents s'étaient embusqués dans une petite rue donnant sur le quai de la Ferraille, moins large alors qu'il ne l'est aujourd'hui. A son passage « Feu sur trois rangs! » et il était perdu. Qui le sauva? ce seul mot : « *Mais malheureux! vous tuerez en même temps Laffitte, Pajol, Gérard et Benjamin Constant!....* » (*Louis-Philippe et la Contre-révolution*, t. Ier, p. 299.)

Mais, le soir même, après la visite à l'Hôtel-de-Ville, les Républicains parlent encore d'insurrection.

Les Patriotes, les jeunes gens et le Peuple, qui ont bravé la mort pour la Liberté, qui pleurent des frères et des amis tués en combattant comme eux; qui suspectent le Duc, parce que c'est un *Bourbon;* qui redoutent l'intrigue, l'ambition, l'Aristocratie; qui, noirs de poudre et de poussière, ont encore les armes à la main; cette troupe enthousiaste, dis-je, est prête à se relever en masse pour obtenir des *garanties.*

Malheur alors aux Pairs et aux Députés, s'ils veulent résister!

Mais Lafayette leur offre d'aller au Palais-Royal pour stipuler des conditions plus positives et plus populaires, et demande que tout mouvement soit suspendu pendant vingt quatre ou quarante-huit heures.

On accepte, on consent par respect pour le vieil ami de la Liberté.

19. — Programme de l'Hôtel-de-Ville.

Voici, du reste, ce que demandent les Patriotes généralement :

« La Souveraineté nationale reconnue en tête de la Constitution comme dogme fondamental du Gouvernement ; — Point de pairie héréditaire, mais deux Chambres homogènes ; — Renouvellement complet de la Magistrature ; — Lois municipale et communale sur le principe le plus large de l'élection ; — Pas de cens d'éligibilité ; — Cens électoral à 50 fr. ; — L'Election appliquée à toutes les magistratures inférieures, notamment aux Justices de paix ; — Plus de priviléges ni de monopoles ; — Liberté entière des Cultes et de l'Enseignement ; — Une école primaire gratuite par Commune ; — Liberté entière de la Presse, sans timbre, ni cautionnement, ni droit de transport pour les journaux ; — Jury pour les délits de la Presse ; — Jury d'accusation ; — Garde nationale nommant directement tous ses officiers sans exception ; — Responsabilité des agents secondaires, sans l'autorisation du Conseil d'État. — Tout cela enfin *adopté provisoirement, et devant être soumis à la sanction de la Nation, seule capable de s'imposer le système de Gouvernement qui lui conviendra.* »

Rien encore là sur les questions *sociales* et sur les intérêts matériels du Peuple, rien qui puisse l'intéresser personnellement et visiblement ; néanmoins c'est encore là la déclaration de principes la plus avancée, et qui ouvre le plus la porte à toutes les améliorations sociales et politiques.

Lafayette résume tous ces principes en un seul : *un trône populaire entouré d'institutions républicaines.*

Il part sur les huit heures, et se rend au Palais-Royal. Que s'y passe-t-il ? Écoutons-le parler lui-même dans la lettre qu'il écrira plus tard à ses commettants, le 13 juin 1831 :

« Après la visite du nouveau Lieutenant-Général, accompagné des Députés, à l'Hôtel-de-Ville, je crus trouver, dans l'autorité et la confiance populaire dont j'étais investi, le *droit* et le *devoir* d'aller m'expliquer franchement, au nom de ce même Peuple, avec le roi projeté.

« Vous savez, lui dis-je, que *je suis Républicain*, et que je regarde la *Constitution des États-Unis* comme la plus parfaite qui ait existé. — Je pense comme vous, répondit le duc d'Orléans ; il est impossible d'avoir passé deux ans en Amérique, et de n'être pas de votre avis ; mais croyez-vous, dans la situation de la France, et d'après l'opinion générale, qu'il nous convienne de l'adopter ? — Non, lui dis-je ; ce qu'il faut aujourd'hui au Peuple français, c'est un *trône populaire entouré d'institutions républicaines, tout à fait républicaines.* — C'EST BIEN AINSI QUE JE L'ENTENDS, répartit le prince.

» Cet engagement mutuel, que je m'empressai de publier, acheva de rallier autour de nous ceux qui ne voulaient pas de Monarque et ceux qui en voulaient un tout autre qu'un Bourbon. »

C'est, en effet, cet engagement qui détermine les Bonapartistes, et surtout les Républicains, à renoncer à leur projet d'insurrection contre des Chambres usurpatrices et contre le Lieutenant-Général.

Voilà donc ce que Lafayette appelle (improprement peut-être) le *Programme de l'Hôtel-de-Ville* : c'est l'adoption des principes de la Constitution américaine ; c'est surtout cette proposition qui lui semble les renfermer tous, *un trône populaire entouré d'institutions républicaines, tout à fait républicaines.*

A l'instant même, il annonce, il publie que ce programme est accepté par le duc d'Orléans ; et partout, dans les départements ainsi qu'à Paris, on adopte, comme Programme de l'Hôtel-de-Ville et comme principe fondamental de la Révolution nouvelle, un *trône populaire entouré d'institutions républicaines.*

Lafayette le répétera solennellement en toute occasion, sans craindre aucun démenti, sans en recevoir aucun.

« *Un trône populaire entouré d'institutions républicaines* (dira-t il dans un ordre du jour du 19 décembre, la veille du procès des Ministres), tel fut le *programme adopté* par un Patriote de 89, devenu Roi-Citoyen : Peuple et Roi se montreront *fidèles à ce contrat.* »

« Aujourd'hui (dira-t-il à la tribune, le 27 décembre, le lendemain du procès des Ministres), *ma conscience d'ordre public* est pleinement satisfaite. J'avoue qu'il n'en est pas de même de *ma conscience de Liberté.* Nous connaissons tous ce *programme* de l'Hôtel-de-Ville : *Un trône populaire entouré d'institutions républicaines ;* il a été *accepté ;* mais nous ne l'entendons pas tous de même. »

Mais ce sera au milieu d'une crise. Comme au 31 juillet, Lafayette sera tout puissant alors, on aura besoin de la protection de sa popularité, on l'appellera *sauveur* et *mon cher général ;* on se gardera bien de nier le programme ou de prétendre qu'il a été anéanti par la Charte du 7 août ; et ce n'est qu'après le 13 mars, quand on se croira assez fort pour lever le masque, que la dénégation commencera; ce n'est que le 6 juin qu'on prétendra positivement que le Programme de l'Hôtel-de-Ville était un *infâme mensonge;* ce n'est qu'alors qu'on fera entendre ces singulières paroles : « *En droit, je n'avais rien à promettre; en fait, je n'ai rien promis.* »

« Mais, dira un jour Lafayette à un des Ministres, de quelque bouche que sorte la dénégation, c'est cette dénégation qui est un mensonge. »

« J'ai pu me tromper dans mon extrême confiance, dira-t-il un autre jour dans une réunion de Députés; mais certainement *j'ai été trompé.* »

Du reste, les paroles écrites par Lafayette sont alors le langage ordinaire du duc d'Orléans.

« *Je suis Républicain*, dira-t-il également à Mauguin, le matin du 1er août; *la Constitution des États Unis est la plus parfaite à mes yeux.* »

« Si l'on veut une Monarchie, dira-t-il encore peu d'instants après à Cabet, il faut que ce soit une Monarchie *républicaine.* »

« Est-ce que par hasard, Monsieur Dupont (1), dira-t-il à celui-ci la veille, vous auriez *la prétention* d'être *plus patriote* que moi ? »

« Comment, dira-t-il à plusieurs personnes, comment trouvez-vous le général Lafayette, qui a *la prétention* d'être *plus Républicain* que moi ? »

Serait-il possible au plus défiant, au plus soupçonneux, de n'être pas rassuré, persuadé, séduit par des protestations si nombreuses et si positives ?

---

(1) Dupont (de l'Eure) refusait d'abord le portefeuille de la Justice, disant que le Duc serait probablement *Roi*, qu'il aurait une *cour*, et que la grandeur et le Pouvoir ne conviennent pas à un vieux plébéien ami du Peuple. Le Prince lui répondit d'un ton presque irrité : « Est-ce que par hasard, M. Dupont, vous auriez la prétention d'être plus Patriote que moi ? » Dupont (de l'Eure) ne résista plus.

Malheureusement la ruse l'emporte sur la force, et la Révolution est perdue.

§ 20. — Visite de quelques Républicains au Palais-Royal.

Le même jour, 31, Thiers appelle les principaux des Républicains dans les bureaux du *National* et les presse d'abandonner leur désir de République pour accepter le Duc d'Orléans, dont il leur vante toutes les qualités.

Là se trouvent Godefroi Cavaignac, Guinard, Thomas, Bastide, Trélat, Chevallon, Marchais, Boinvilliers, Etienne Arago, Joubert et Degousée (1).

« Eh bien, dit Thomas, mettons-y de la bonne volonté ! Voyons le Duc; et, s'il est tel qu'on le représente, cédons, à condition pourtant qu'il donnera des garanties préalables. »

Conduits par Thiers, tous se rendent au Palais-Royal.

On y cause long-temps. Le prince y dit d'abord de fort belles choses, sans cependant faire aucune promesse. Il ne dissimule même ni son opinion contre l'opportunité de la République, ni son opinion sur la nécessité de ménager les puissances étrangères au sujet des traités de 1815.

« N'est-ce pas, Monseigneur, dit Thiers, en frappant sur l'épaule de Thomas, que voilà un beau colonel?

— Est-ce que vous nous prenez pour des catins qui viennent se vendre? répond une voix.

— Tout pour le Peuple et par le Peuple ! s'écrie un autre.

— J'ai fait là une belle ambassade ! dit Thiers à son tour. »

Mais si la séduction n'a rien pu sur eux, n'en paraissent-ils pas moins se résigner aux événements; car s'ils étaient bien résolus à tout braver pour proclamer la République, iraient-ils au bureau du *National*, sur l'invitation de ce Thiers qui, dès la veille, a proclamé le Duc d'Orléans, et se laisseraient-ils conduire par lui auprès de ce Duc qui vient d'être nom-

(1) Sarrans, *Louis-Philippe et la Contre-Révolution*, t. 1er, p. 356; Louis Blanc, *Histoire de dix ans*, t. 1er, p. 384.

mé Lieutenant-Général du Royaume pour écarter la République ?

Quoi qu'on en puisse dire aujourd'hui, les Républicains, surtout quand ils se voient abandonnés par Lafayette, se sentent trop faibles alors pour rien entreprendre en faveur de la République, et les Orléanistes restent triomphants.

Du reste, parmi ces patriotes qu'on appelle Républicains, il en est plusieurs qui sont Orléanistes, Etienne Arago, par exemple, qui se compromettra vis-à-vis le Peuple pour sauver le fils du Duc d'Orléans, et Joubert, qui s'empressera d'accepter une belle place et qui combattra plus tard les Républicains.

§ 21. — Démission de la Commission Municipale.

Si la Commission Municipale était composée de Républicains ou d'hommes populaires, énergiques et révolutionnaires, elle aurait pris le titre de *Gouvernement provisoire*, et se serait emparé de la direction de la Révolution sans se laisser entraver par les Députés, et sans souffrir que quelques uns de ceux-ci nommassent un Lieutenant-Général du Royaume ; mais la Commission Municipale, nommée par quelques Députés, s'est rapetissée sous l'autorité de ceux-ci, a souffert qu'ils déférassent la dictature provisoire au duc d'Orléans, et l'a reconnu comme Dictateur dans sa visite à l'Hôtel-de-Ville : elle n'a donc plus qu'à lui résigner ses fonctions.

C'est en vain que Mauguin voudrait prolonger son existence ; les Orléanistes De Schonen et Mérilhou sont bien plus conséquents quand ils parlent de démission. Dès le matin du 1er août, à *six heures*, De Schonen, Lobau, Audry de Puiraveau lui-même (l'un de ceux sur lesquels les Républicains croyaient pouvoir s'appuyer avec le plus de confiance), se hâtent, sans attendre Mauguin et contre son opinion connue, d'envoyer au duc d'Orléans la démission suivante :

» Monseigneur,

» Les membres de la Commission Municipale de Paris ont l'honneur d'exposer à votre Altesse Royale que, les circonstances graves qui avaient nécessité la création de ce pouvoir temporaire n'existant plus depuis votre avénement à la Lieutenance-Générale du royaume, ils attendent les instructions de Votre Altesse pour remettre entre les mains qu'elle voudra bien désigner les fonctions qui leur ont été confiées.

» Nous sommes, etc.

» *Signé :* De Schonen, Lobau, Audry de Puirayeau. »

Puis, dans la journée, la Commission en personne, Lafayette à sa tête, se rend au Palais-Royal pour renouveler sa démission.

C'est ainsi que cette Commission Municipale, que le Peuple considérait comme étant, avec Lafayette, la seule Autorité populaire, se laisse jouer et désarmer, ou plutôt abandonne son poste sans rien dire, et livre le Pouvoir sans rien stipuler pour la Révolution!

Cette Commission a protégé la Bourgeoisie en lui accordant un délai pour le paiement de ses billets de commerce; mais elle n'a rien fait pour le Peuple. Elle a décrété, le 31, l'organisation de vingt bataillons de Garde populaire mobile, composée d'Ouvriers, avec une solde de 30 sous par jour, pour subvenir aux besoins de leurs familles; mais ce décret reste sans aucune exécution.

Quant à Lafayette, nous le verrons tout à l'heure conservé dans ses fonctions de Commandant des Gardes nationales.

§ 22. — Ministère provisoire.

Le Ministère choisi par la Commission Municipale est si manifestement Orléaniste, que le duc d'Orléans ne peut rien faire de mieux que de l'adopter lui-même, en remplaçant Bignon par Molé et en laissant vacant le ministère de la Marine, qui sera bientôt occupé par Sébastiani.

On prend Dupont, parce que sa popularité est nécessaire; et Laffitte se jette presque à ses genoux pour vaincre sa répugnance et le déterminer à accepter; mais on le renverra dès qu'on croira pouvoir se passer de lui.

On n'ose pas encore prendre d'Argout, négociateur pour

Charles X, ni Casimir Périer, choisi par lui pour être ministre, et qui s'est opposé à sa déchéance ; mais on ne tardera pas à les appeler. En attendant, ils ne seront pas inutiles dans les deux Chambres.

On ne craint pas d'admettre Sébastiani, Guizot, Louis, qui, loin de rien faire pour l'Insurrection, se sont efforcés de l'empêcher.

Talleyrand lui-même sera bientôt ambassadeur à Londres et dirigera la politique étrangère, c'est-à-dire disposera du salut de la France.

Voilà donc les conspirateurs Orléanistes, les partisans de l'Aristocratie, de la Restauration et de la Légitimité, maîtres de cette Révolution et du Pouvoir !

§ 23. — Lafayette conservé dans ses fonctions de Commandant de la Garde nationale.

Cependant Lafayette est conservé dans son commandement par le Lieutenant-Général du Royaume, et reste à l'Hôtel-de-Ville ; il commande encore la Garde nationale, et c'est lui surtout que le Peuple regarde comme son défenseur.

« Dans la *glorieuse* crise où l'énergie parisienne a reconquis nos droits, dit-il dans un ordre du jour du 2 août, tout reste encore *provisoire* ; il n'y a de *définitif que la Souveraineté de ces droits nationaux*, et l'éternel souvenir de la *grande Semaine du Peuple* ; mais la réorganisation des Gardes nationales est un besoin de *défense* et d'ordre public réclamé de toutes parts... Je crois devoir, *pour servir la Liberté et la Patrie*, accepter l'emploi de *Commandant général des Gardes nationales* de France. »

Déjà, dans une proclamation du 31 juillet, il a dit : « *Liberté*, *Égalité*, *Ordre public*, fut toujours ma devise ; j'y serai fidèle. »

Il fait effectivement écrire cette devise sur les drapeaux de la Garde nationale, avec ces mots : 27, 28 *et* 29 *Juillet*.

« Quoi ! lui dit Girod de l'Ain (qui sera bientôt Préfet de Police, puis Ministre), envoyé près de lui, vous adoptez ce mot *Égalité*, qui rappelle un nom révolutionnaire, *Philippe-*

Égalité! Quelle inconvenance! quel scandale! C'est un fils qui vous en demande le sacrifice au nom de la mémoire de son père. »

Et ce mot *Égalité*, qui seul représente la Révolution, disparaît pour laisser place à l'*Ordre public*, dont le Despotisme et l'Aristocratie savent si bien abuser.

Mais, du moins, l'aigle français déploiera-t-il ses ailes sur les drapeaux de la Garde nationale? — Non, c'est le *coq gaulois* qu'on y place; et même, par erreur, on n'y met qu'un *chapon*.

Enfin l'on adopte pour la Garde nationale un uniforme tellement brillant et dispendieux, qu'on lui donne à l'instant un esprit de futile vanité, et qu'on en fait un corps presque aristocratique, dont le Peuple se trouve nécessairement exclu par sa misère.

Revenons au duc d'Orléans, et même à Charles X.

§ 24. — Abdication de Charles X.

Retiré à Rambouillet, Charles X fait rédiger et envoie au duc d'Orléans un acte ainsi conçu :

« Le Roi, voulant mettre fin aux troubles qui existent dans la capitale et dans une partie de la France, comptant d'ailleurs sur *le sincère attachement de son cousin le duc d'Orléans*, LE NOMME LIEUTENANT-GÉNÉRAL DU ROYAUME.

» Le Roi, ayant jugé convenable de retirer ses Ordonnances du 25 juillet, approuve que les Chambres se réunissent *le* 3 *août*, et il veut espérer qu'*elles rétabliront la tranquillité en France*.

» Le Roi attendra ici le retour de la personne chargée de porter à Paris cette déclaration.

» Si l'on cherchait à attenter à la vie du Roi et de sa famille, ou à leur liberté, il se défendrait jusqu'à la mort.

» Fait à Rambouillet, le 1er août 1830.

» *Signé :* CHARLES X. »

Le lendemain 2, Charles X envoie l'acte suivant :

« A mon cousin le duc d'Orléans, Lieutenant-Général du royaume (nommé par l'acte précédent).

» Mon cousin, je suis trop profondément peiné des maux qui

affligent ou qui pourraient menacer mes peuples pour n'avoir pas cherché un moyen de les *prévenir*. J'ai donc pris la résolution *d'abdiquer* la couronne en faveur de mon petit-fils le duc de Bordeaux. — Le Dauphin, qui partage mes sentiments, renonce aussi à ses droits, en faveur de son neveu.

» Vous aurez donc, *en votre qualité de Lieutenant-Général du Royaume* (nommé par moi), à faire proclamer l'avénement de *Henri V* à la couronne. Vous prendrez d'ailleurs *toutes les mesures qui vous concernent pour régler les formes du Gouvernement pendant la minorité* du nouveau Roi. Ici je me borne à faire connaître ces dispositions; c'est *un moyen d'éviter encore bien des maux*.

» Vous communiquerez mes intentions au corps *diplomatique*, et vous me ferez connaître, le *plus tôt possible*, la proclamation par laquelle mon petit-fils sera reconnu Roi sous le nom de Henri V...

» Je vous renouvelle, mon cousin, l'assurance des sentiments avec lesquels je suis votre affectionné cousin,

» *Signé :* CHARLES, LOUIS-ANTOINE. »

On voit que, d'après la correspondance entre Charles X et le duc d'Orléans, notamment d'après la lettre du Prince emportée par le duc de Mortemart dans sa cravatte, Charles X n'a pas le moindre doute sur la sincérité, le dévoûment et la fidélité de son cousin.

Celui-ci fait publier l'Abdication dans le *Moniteur* et la fera remettre au président de la Chambre, pour être déposée dans les archives.

Quelques Députés, notamment Bérard, soutiendront que Charles X et ses descendants n'ont plus le droit d'abdiquer; que leur pouvoir s'est éteint dans le sang de milliers de victimes; que l'acte d'abdication n'est qu'un brandon de discorde; qu'il est nul en face de la déchéance, et qu'il est inutile de le déposer dans les archives.

Mais la Chambre, entraînée déjà par le Duc, ordonne le dépôt.

Cependant Charles X, qui dispose encore de 12,000 hommes et de 38 bouches à feu, donne toujours de l'inquiétude, et l'on veut le forcer à quitter Rambouillet et la France pour se retirer en Angleterre.

§ 25. — Expédition à Rambouillet.

On ne néglige rien dans l'intérêt du Duc. D'abord le *Courrier français* publie des pièces qui semblent établir l'illégitimité du duc de Bordeaux.

Puis, on choisit trois commissaires (le général Maison, Odilon Barrot et de Schonen), pour aller, à Rambouillet, engager Charles X à partir, sous le prétexte qu'une insurrection populaire menace de fondre sur lui. C'est une sauvegarde que le Duc envoie à son cousin.

— Et si l'on nous remet le Duc de Bordeaux, demande de Schonen ; que devrons-nous faire?

— Le Duc de Bordeaux, répond le Duc ; mais c'est votre Roi !

— Ah ! je vous reconnais là, s'écrie à son tour la duchesse d'Orléans, en se jetant dans les bras de son mari ; vous êtes bien le plus honnête homme du Royaume !

Mais Charles X ne veut pas recevoir les trois commissaires; et ceux-ci reviennent, dans la nuit même, réveiller le Duc, qui s'écrie : « Qu'il parte ! qu'on l'effraie ! Qu'il parte ! »

Et aussitôt on excite, dans Paris, un véritable mouvement populaire. Des hommes soudoyés (car tout est facile quand on a de l'argent et la puissance) courent, dans tous les quartiers, crier : « Charles X va marcher sur Paris ; aux armes ! A Rambouillet ! à Rambouillet ! » Et le rappel bat partout, comme si l'Invasion était menaçante.

Ouvriers, jeunes gens, Gardes nationaux, tous s'arment et se mettent en mouvement. Au Palais-Royal, on apporte des corbeilles remplies de pistolets, qu'on distribue.

Lafayette demande 500 hommes à chaque légion de la Garde nationale ; et vers trois heures, quinze mille hommes, les uns à pied, quelques uns à cheval, quelques autres en voiture, partent pour Rambouillet, à quinze lieues, sous le commandement du général Pajol et sous les ordres du général

Excelmans, des colonels Jacqueminot, Trobriant, Poque et de Georges Lafayette.

C'est un affreux pêle-mêle, une affreuse cohue, mal armée, presque sans munitions, sans vivres, sans discipline et sans plan. Heureusement qu'à Versailles on trouve deux régiments qui livrent leurs armes, et qu'à Saint-Cyr on trouve huit petites pièces d'artillerie dans l'Ecole. Néanmoins, si Charles X et ses conseillers avaient de la vigueur, si la cavalerie de la Garde chargeait cette masse dans la plaine, ce ne pourrait être qu'une horrible boucherie, presque sans résistance, et l'armée royale rentrerait peut-être dans la capitale plus vite que les débris de l'expédition parisienne.

Quelle responsabilité pour tous ceux qui ont organisé et dirigé cette incroyable entreprise !

Mais Charles X est complétement démoralisé ; la démoralisation est universelle autour de lui ; les Commissaires, revenus de Paris, lui affirment que 60,000 hommes sont en marche, et le vieux Roi se décide à partir.

Dès le 2, le général Hulot a été envoyé à Cherbourg avec des pouvoirs extraordinaires sur les quatre départements entre cette ville et Rambouillet, pour assurer et précipiter le départ, tandis que Dumont d'Urville a été envoyé pour préparer deux bâtiments, qui transporteront en Angleterre.

Charles X voudrait marcher à petites journées, et pense encore à se retirer, tantôt derrière la Loire, tantôt dans la Vendée ; mais de petites insurrections populaires, adroitement et facilement organisées contre lui sur son passage, jettent l'effroi dans son âme, et le décident enfin à chercher un refuge en Angleterre. Il s'embarque, avec toute sa famille, à Cherbourg, le 14 août, sur le vaisseau *Great-Britain*.

Et ce monarque qui, vingt jours auparavant, recevait tant de témoignages d'amour et de fidélité, et parlait si haut de son immuable volonté, se trouve ainsi, comme le dit Châteaubriand, chassé de France à coups de fourche, pour avoir violé la Charte et les Lois !

Mais revenons à Rambouillet.

Charles X en est à peine sorti, que les Parisiens y entrent en foule. Ils y trouvent un caisson renfermant les diamants de la couronne, évalués à 80 millions, et vont les ramener en triomphe à Paris. Ils y trouvent aussi les magnifiques carrosses de la cour et du sacre, avec chacun son attelage de huit magnifiques chevaux. Et ces princes d'une nouvelle espèce s'entassent dans ces carrosses, avec leurs habits couverts de poussière, avec leurs fusils et leurs piques, et se font ramener triomphalement jusque dans la cour du Palais-Royal, où le Duc, au balcon, a le plaisir de les entendre dire : « Tenez, voici vos diamants et vos carrosses ! »

Tout est donc ici profit et bénéfice pour le duc d'Orléans ; car il se trouve débarrassé de Charles X, il a les diamants et les carrosses, et pendant l'expédition de Rambouillet il a pu faire l'ouverture des Chambres sans aucune des inquiétudes que pouvaient lui causer les Républicains ou les Napoléonistes.

§ 26. — Ouverture de la Session.

Dès le 1er août, l'ouverture de la session est fixée au 3 (suivant l'indication de Charles X et l'approbation formelle qu'il en a donnée au duc d'Orléans en le nommant Lieutenant-Général du Royaume), comme si rien n'était changé !

Le 3 août, les deux Chambres lui envoient une grande députation, et il ouvre la session, comme s'il était Charles X !

« Paris, dit-il, troublé dans son *repos* par une déplorable *violation de la Charte* et des lois, les *défendait* avec un courage héroïque : au milieu de cette lutte sanglante, *aucune garantie de l'ordre social ne subsistait plus;* les personnes, les propriétés, les droits, tout ce qui est précieux et cher à des hommes et à des citoyens, courait les plus *grands dangers.*

» Dans cette absence de tout pouvoir public, le *vœu de mes concitoyens* s'est tourné vers moi ; ils m'ont jugé digne de concourir avec eux au salut de la Patrie ; ils m'ont *invité à exercer les fonctions de Lieutenant-Général du Royaume.*

» Leur cause m'a paru juste, les périls immenses, la nécessité impérieuse, mon devoir sacré. Je suis accouru au milieu de ce vaillant Peuple, suivi de ma famille, et portant ces couleurs qui, pour la seconde fois, ont marqué parmi nous le triomphe de la Liberté.

» Je suis accouru, fermement résolu à me *dévouer* à tout ce que *les circonstances* exigeraient de moi pour rétablir *l'empire des lois*, sauver la Liberté menacée, et rendre impossible le retour de si grands maux, en assurant à jamais le pouvoir de *cette Charte* dont le nom *invoqué pendant le combat l'était encore après la victoire.*

» Dans l'accomplissement de cette noble tâche, c'est *aux Chambres* qu'il appartiendra de me guider. *Tous les droits doivent être solidement garantis;* toutes les institutions nécessaires à leur plein et libre exercice doivent recevoir les développements dont elles ont besoin. *Attaché de cœur et de conviction aux principes d'un gouvernement libre,* J'EN ACCEPTE D'AVANCE TOUTES LES CONSÉQUENCES.

» Je crois devoir appeler dès aujourd'hui votre attention sur l'organisation des Gardes nationales; l'application du Jury aux délits de la Presse; la nomination des administrations départementales et municipales; et *avant tout, sur cet article* 14 *de la Charte, qu'on a si odieusement interprété.*

» C'est dans ces sentiments, Messieurs, que je viens ouvrir cette session.

» Le passé m'est douloureux; je déplore les infortunes que j'aurais voulu prévenir; mais au milieu de ce *magnanime élan* de la Capitale et de toutes les cités françaises, à l'aspect de *l'ordre renaissant avec une merveilleuse promptitude,* après une résistance *pure d'excès,* un juste *orgueil national* émeut mon cœur, *et j'entrevois avec confiance l'avenir de la Patrie.*

» Oui, Messieurs, elle sera heureuse et libre cette France qui nous est si chère; elle montrera à l'Europe qu'*uniquement occupée de sa prospérité intérieure,* elle chérit la *paix* aussi bien que la *Liberté,* et ne veut que le bonheur et le repos de ses voisins.

» Le respect de tous les droits, le soin de tous les intérêts, la *bonne foi* dans le gouvernement, sont le meilleur moyen de désarmer les partis, et de ramener dans les esprits cette confiance dans les institutions, cette *stabilité,* seuls gages assurés du bonheur des Peuples et de la force des États. »

Toujours la Charte et les Chambres conservées, comme s'il n'y avait pas de Révolution! Mais du moins on promet la bonne foi, la Liberté, la prospérité!...

En deux jours, la Chambre a vérifié ses pouvoirs.

Le Duc consent à ce que la Chambre élise elle-même directement son président; mais cette Chambre, déjà ultrà-Orléaniste, refuse sous prétexte que ce serait violer la Charte, et lui présente cinq candidats (Périer, Laffitte, Delessert, Dupin et Royer-Collard), parmi lesquels le Duc préfère ce Casimir Périer, qui s'est tant opposé à la Révolution, et que Charles X a choisi tout récemment pour l'un de ses ministres.

§ 27. — Proposition Bérard.

Dès le 3 août, Bérard, intime ami de Béranger et de Dupont (de l'Eure), rédige une proposition pour déférer immédiatement et définitivement la couronne au duc d'Orléans, sans aucun égard pour l'abdication de Charles X, mais après avoir stipulé des garanties.

Il remet son projet à Dupont (de l'Eure), pour le communiquer au conseil des Ministres. Deux fois on promet de l'appeler à la conférence : mais, quoiqu'il soit l'un des premiers approbateurs de l'Insurrection, et l'un des Orléanistes les plus sincères, on lui manque deux fois de parole, parce qu'on le trouve trop Révolutionnaire et trop Libéral. On lui rend enfin sa proposition corrigée, dénaturée, monarchisée par de Broglie et Guizot.

« J'ai changé vos changements, dit-il ensuite à Guizot. — Tant pis, répond celui-ci, on ne vous le pardonnera jamais. »

Mais les changements de de Broglie et Guizot seront soumis par eux à la Chambre, et la Chambre, plus Orléaniste encore que Bérard, va les adopter avec empressement.

Mais, avant de raconter la discussion dans la Chambre, voyons une nouvelle manifestation Républicaine.

§ 28. — Nouvelle manifestation Républicaine.

La Chambre est réunie le 6, pour statuer sur la proposition Bérard, quand tout à coup l'effroi se répand parmi les Députés. « Les Républicains sont à la porte, s'écrie-t-on, qui menacent en criant : « La Chambre nous trahit ! A bas l'hérédité de la Pairie ! A bas les juges de la Restauration ! » Le trouble est tel que Girod, de l'Ain, s'adressant à l'un des Républicains (Lhéritier) lui dit : « Vous connaissez Montebello? — Oui. — C'était un brave ! Eh bien, *sa fille est mon gendre*.

Mais quelques uns des Députés les plus populaires, Labbey-Pompières, Benjamin-Constant, sortent pour calmer la foule et la conjurer de se retirer.

Lafayette surtout fait tous ses efforts pour calmer les Républicains « Mes amis, dit-il en leur prenant les mains, mes bons amis, nous reconnaissons que nous sommes sans mandat; mais nous veillerons sur vos intérêts. Retirez-vous, je vous en conjure. »

Et les Républicains ont encore assez de confiance, ou trop peu de force et d'énergie pour accomplir leur dessein. Et Lafayette sauve encore peut-être une seconde fois le pouvoir nouveau.

Et la police nouvelle est déjà si adroite pour diviser les citoyens, qu'elle fait circuler dans les tribunes, contre les Républicains, une protestation, qui se trouve bientôt couverte d'un assez grand nombre de signatures.

Cependant l'effroi redouble au Palais-Royal, quand on apprend que 6,000 jeunes gens ont résolu de se porter le lendemain matin au Luxembourg et au Palais-de-Justice pour expulser les Pairs et les Juges. Laffitte conjure Mauguin (influent alors sur les Écoles) de détourner l'orage.

Et quand, le matin du 7, Mauguin va faire connaître au Lieutenant-Général qu'il n'y a plus de danger : « Tant mieux ! s'écrie un aide-de-camp du Prince (M. de Rumigny); car je ne vous cache pas que j'avais fait distribuer des cartouches à la Garde nationale, et donné l'ordre de faire feu sur les émeutiers.

— « Quoi! *déjà*! s'écrie Mauguin étonné. » Mais il n'en prête pas moins tout son appui à ceux qui, quelques jours après la victoire du Peuple, pensent à fusiller ceux qui parlent trop haut, s'il est nécessaire pour leur imposer silence.

Revenons à la proposition Bérard et à la séance du 6.

§ 29. — Charte bâclée.

C'est le 6 que Bérard lit à la tribune sa proposition. La première partie, tendant à l'élection du duc d'Orléans comme Roi, est accueillie avec des acclamations.

La seconde partie propose de conserver la Charte, en la révisant; et la conservation de cette Charte ne rencontre presque pas d'opposition.

Le général Demarçay, cependant, demande une Constitution au lieu d'une Charte.

— Et votre serment à la Charte, lui crie-t-on?

— Et votre serment à Charles X, répond-il?

Mais cette Chambre bourgeoise, Orléaniste et Légitimiste, décide que la Charte est maintenue, et qu'elle va être seulement révisée. Elle veut même que cette révision soit faite à l'instant, sans désemparer, et nomme une Commission, dont le rapporteur, Dupin, fait son rapport à neuf heures du soir.

Beaucoup voudraient que la discussion s'ouvrît à l'instant même, et qu'on ne quittât pas la séance sans terminer.

— Préservez-vous, dit Benjamin Constant, d'une *précipitation fâcheuse*. Quelques moments de retard ne peuvent être un danger. Nous connaissons tous la *sagesse* de cette *héroïque population* qui nous a défendus, A QUI NOUS DEVONS NOS TÊTES, CAR NOS TÊTES ÉTAIENT PROSCRITES. Attendez que le rapport soit imprimé, afin de procéder ensuite à la mission la plus grave dont jamais des représentans aient été chargés.

— Sauvons la France de l'anarchie! s'écrie Rambuteau (ancien chambellan de l'Empire, qui sera préfet de la Seine).

— Je veux aussi, dit Mauguin, que la discussion soit courte, mais il faut qu'il y ait discussion.

On décide enfin que le rapport sera immédiatement imprimé et distribué pendant la nuit, et que la discussion s'ouvrira le lendemain 7, à dix heures du matin.

Cependant, on est si impatient d'en finir, on a si peur encore de l'agitation populaire, que peu après, et pendant la nuit, on invite extraordinairement les Députés à se réunir à huit heures et demie, *au lieu de dix*; et, comme quelqu'un demande la raison de cette précipitation, en l'absence des journalistes et du public dans les tribunes : « *La raison d'État* ! » répond le président, comme si quelques heures de retard pouvaient déjà tout mettre en péril, quand Charles X est sur la route de Cherbourg !

Vainement des combattants présentent-ils une Adresse pour reclamer une Assemblée nationale et une Constitution : on oppose le règlement et l'on renvoie l'Adresse dans les bureaux ; comme si ce n'était pas la plus sanglante derision et le plus révoltant mépris des Droits du Peuple vainqueur.

Enfin, la discussion est ouverte.

Beaucoup, invoquant la légitimité et la fidélité au serment, réclament Charles X ou du moins Henri V, tout en reconnaissant que les Ordonnances du 25 sont *infâmes* et que les Ministres qui les ont conseillées sont *criminels*.

« Y a-t-il, dit Benjamin-Constant, une imagination qui puisse se représenter Charles X rentrant dans cette ville, dont *les pavés sont encore teints du sang qu'il a fait répandre!* — Une réconciliation est-elle possible sur les cadavres *de nos défenseurs!* Comment se trouverait-il entouré des fils, des veuves, de ceux qu'il a fait mitrailler en son nom ! »

Quelques-uns voudraient qu'on prononçât formellement la déchéance de la branche aînée ; d'autres voudraient qu'on appelât le duc d'Orléans, en vertu de l'abdication de Charles X et de sa famille ; mais la première disposition présentée par la Commission est adoptée, en ces termes :

« La Chambre des Députés, prenant en considération l'*impérieuse nécessité* qui résulte des *événements* des 26, 27, 28 et 29 juillet dernier et jours suivants, et de la *situation générale* où la France s'est trouvée placée à la suite de la *violation* de la Charte constitutionnelle ; — considérant en outre que, par suite de cette *violation* et de la *résistance* héroïque des citoyens de Paris, S. M. CHARLES X, S. A. R. LOUIS-ANTOINE, DAUPHIN, ET TOUS LES MEMBRES de la branche aînée de la maison royale, *sortent* en ce moment du territoire français ; — Déclare que le trône est VACANT *en fait et en droit*, et qu'il est indispensable d'y pourvoir. »

Ainsi, pas question de la *déchéance*, mais seulement de *vacance*, et cette vacance est prononcée parce que Charles X, le duc d'Angoulême, et le duc de Bordeaux (que les deux premiers ont déclaré roi sous le nom d'*Henri V* dans leur acte d'abdication *déposé*), sont *absents* par suite des circonstances.

« Je propose, dit Persil, d'ajouter, sous ce titre : *De la souveraineté*, deux articles tirés de la Constitution de 1791, ainsi conçus :

« *La Souveraineté appartient à la Nation* : elle est *inaliénable* et *imprescriptible*. — La Nation, de qui seule émanent tous les pouvoirs, ne peut les exercer que par *délégation*. »

« Il faut, dit-il, insérer cette déclaration formelle, pour qu'à l'avenir *nul ne puisse se dire Roi par droit divin*, et ne se croie autorisé à offrir des concessions à nos descendants.

Mais Dupin s'y oppose, parce que, dit-il, cette proposition est implicitement renfermée dans la seconde disposition présentée par la Commission dans ces termes :

« La Chambre des Députés déclare secondement que, — selon le VOEU et dans *l'intérêt* du Peuple français, le *préambule* de la Charte constitutionnelle est supprimé, comme blessant la dignité nationale en paraissant *octroyer* aux Français des droits qui *leur appartiennent essentiellement*, — et que *les articles suivants* de la même Charte doivent être *supprimés* ou *modifiés* de la manière qui va être indiquée. »

Sur soixante-seize articles de la Charte, quarante-sept ne sont ni discutés, ni votés, ni même lus ; et vingt-neuf seulement sont l'objet d'un examen pour être supprimés, ou modifiés, ou remplacés.

Les questions les plus graves obtiennent à peine quelques minutes d'attention.

Les nominations de Pairs faites par Charles X, au nombre de 84, sont annulées.

La réorganisation des tribunaux, réclamée par Duris-Dufresne, de Brigode, Benjamin-Constant, Salverte, Mauguin, est vivement combattue par Dupin, qui trompe les ignorants en invoquant le principe de l'*inamovibilité* des juges (comme si les Pairs de Charles X et Charles X lui-même n'étaient pas également inamovibles).

Et les juges actuels sont conservés.

Toutes les questions concernant l'hérédité ou la non-hérédité de la Pairie, le Cens électoral et d'Éligibilité, les administrations municipale et départementale, l'Instruction publique, la responsabilité des Ministres et autres fonctionnaires, etc., etc., sont réservées pour être décidées, plus tard, par des lois complémentaires de la Charte.

« Déclarez, dit Corcelles, que les *décrets de l'Empire* contraires aux lois constitutionnelles sont abrogés. — Ils le sont de droit, répond une voix du centre. — Mais on les invoque toujours! réplique une autre voix de la gauche. »

Et nous les verrons invoquer pour mettre Paris en *état de siége*, et traduire des citoyens devant des *tribunaux militaires*.

« Ajoutez au moins, dit Corcelles, que notre ouvrage sera *soumis à l'acceptation* du Peuple. »

Mais il n'y a pas d'écho, et la Chambre adopte la disposition finale, ainsi conçue :

« **Moyennant l'acceptation de ces dispositions, la Chambre des Députés DÉCLARE enfin que l'*intérêt* universel et pressant du Peuple français *appelle au trône S. A. R. Louis-Philippe d'Orléans, duc d'Orléans, Lieutenant-Général du Royaume*, et, à perpétuité, ses descendants de mâle en mâle, par ordre de primogéniture, et à l'exclusion perpétuelle des femmes et de leur descendance.**

» **En conséquence, *S. A. R. Louis-Philippe d'Orléans, duc d'Orléans*, Lieutenant-Général du Royaume, sera *invité* à accepter et à jurer les clauses et engagements ci-dessus énoncés, l'observation de la CHARTE CONSTITUTIONNELLE et des modifications indiquées; et, après l'avoir fait devant les Chambres assemblées, à prendre *le titre de* ROI DES FRANÇAIS.** »

On va voter; Labbey-Pompières, Bérard et Petou demandent que chacun écrive son nom à côté de son vote. — « Non ! non ! crie-t-on de toutes parts : *c'est contraire au règlement !!* — Mais, dit Bérard, ce que nous venons de faire est bien plus contraire au règlement. — C'est égal. »

L'appel nominal et le scrutin sont presque terminés.... — « Ah ! dit Dupin, nous avons oublié de déclarer que la *France reprend ses couleurs ;* il faut ajouter un article... » — Et l'article est ajouté par acclamations et *sans avoir été soumis au scrutin !!*

Quelques Députés déclarent qu'ils sont sans mandat pour voter, et donnent leur démission.

Et sur deux cent cinquante-deux votants, deux cent dix-neuf adoptent la déclaration de vacance du Trône, la révision de la Charte, et l'élection du Duc d'Orléans.

Et tout cela s'est fait en moins de sept heures, car il est environ cinq heures.

Et ces Députés dont Benjamin Constant disait tout à l'heure que les têtes proscrites par Charles X ont été sauvées par l'héroïsme du Peuple, jonchant le pavé de ses cadavres, ne s'occupent pas un moment de l'intérêt populaire, ne disent pas un seul mot de ce Peuple héroïque et sauveur, et ne stipulent pas la moindre garantie pour l'amélioration de son déplorable sort !

« Allons tous porter notre déclaration au Palais-Royal ! s'écrie-t-on. — Allons, allons !... »

Et ils partent, rangés quatre par quatre.

Laffitte lit la déclaration.

« Je reçois, dit le prince, avec une profonde émotion, la déclaration que vous me présentez ; je la regarde comme l'*expression de la Volonté nationale*, et elle me paraît conforme aux principes politiques que j'ai professés toute ma vie.

» Rempli de souvenirs qui m'*avaient toujours fait désirer de n'être jamais destiné à monter sur le trône*, exempt d'ambition et habitué à la vie paisible que je menais dans ma famille, je ne puis vous cacher tous les sentiments qui agitent mon cœur dans cette grande conjoncture ; mais il en est un qui les domine tous, c'est l'amour de mon pays ; *je sens ce qu'il me prescrit, et je le ferai.* »

Puis il embrasse Laffitte, qui crie : *Vive le roi !* Et il paraît au balcon avec Lafayette.

avons fait de bonnes choses, lui dit celui-ci (si l'on en

croit le *Moniteur*); vous êtes le Prince qu'il nous faut; *c'est la meilleure des Républiques.* »

Mais ce dernier mot, qu'on a beaucoup répété pour populariser le nouveau Roi, n'a point été prononcé par Lafayette, qui se borne à le laisser circuler sous son nom.

Puis, 89 pairs sur 114, réunis au Luxembourg, adhèrent à tout sans discussion, même à la mutilation de la Pairie, et nomment une grande députation, qui va porter à dix heures du soir, au Palais-Royal, l'assurance de leur nouveau dévoûment et de leur nouvelle fidélité.

Puis, le 9, les Pairs et les Députés étant réunis, le duc d'Orléans paraît aux milieu d'eux.

« Messieurs les Pairs et Messieurs les Députés, dit-il, j'ai lu avec une grande attention la *déclaration* de la Chambre des Députés, et l'acte d'*adhésion* de la Chambre des Pairs; j'en ai *pesé et médité toutes les conséquences.*

» J'accepte, sans restriction ni réserve, *les clauses et engagements* que renferme cette déclaration, et le *titre de Roi des Français* qu'elle me confère; je suis prêt à en jurer l'observation.

» En présence de Dieu, je jure d'observer fidèlement la CHARTE CONSTITUTIONNELLE, *avec les modifications exprimées* dans la déclaration; de ne gouverner que par les Lois et selon les Lois; de faire rendre bonne et exacte justice à chacun selon son droit; et d'agir en toute chose dans la seule vue de l'intérêt du bonheur et de la *gloire* du Peuple français. »

Et le procès-verbal de cette acceptation et de ce serment est signé en triple original, pour être déposé dans les trois archives.

Puis, s'asseyant sur le trône, Louis-Philippe 1er, Roi des Français, ajoute:

« Je viens de consommer un grand acte; je sens profondément toute l'étendue des devoirs qu'il m'impose; j'ai la conscience que je les remplirai. C'est avec une pleine conviction que j'ai accepté le pacte d'alliance qui m'était proposé.

» J'aurais vivement désiré ne jamais occuper le trône, auquel le *vœu* de la Nation vient de m'appeler; mais la France, attaquée dans ses Libertés, voyait l'*Ordre public en péril*; la violation de la

Charte avait tout ébranlé : il fallait rétablir l'action des Lois, et c'était *aux Chambres qu'il appartenait* d'y pourvoir. Vous l'avez fait, Messieurs ; les sages modifications que *nous venons de faire* à la Charte garantissent la sécurité de l'avenir ; et la France, je l'espère, sera heureuse au dedans, respectée au dehors, et la *paix* de l'Europe de plus en plus affermie. »

La déclaration des Députés et l'adhésion des Pairs sont insérées, *sans mandement*, dans le Bulletin des lois ; et le 14, la Charte constitutionnelle, rédigée de nouveau, par le *Roi seul*, en soixante-dix articles, est promulguée sous cette forme :

« Nous avons ordonné et ordonnons que la *Charte constitutionnelle de* 1814, telle qu'elle a été *amendée* par les *deux chambres* le 7 août, et acceptée par nous le 9, sera de nouveau publiée dans les termes suivants : »

Puis viennent les soixante-dix articles terminés par la gothique formule de la Monarchie absolue :

« *Donnons en mandement* à nos Cours et Tribunaux, Préfets, Corps administratifs, et tous autres, *que* les présentes ils *gardent* et maintiennent, fassent garder, observer et maintenir ; et, pour les rendre plus notoires à tous, ils les fassent publier et enregistrer partout où besoin sera ; et, afin que ce soit chose *ferme et stable à toujours*, nous y avons fait mettre notre sceau. »

C'est toujours comme si Charles X parlait !

Eh bien ! quand on voit une Charte révisée avec tant de précipitation, ne peut-on pas l'appeler une Charte bâclée ? Et quand une Révolution populaire ne produit pas plus de résultats en faveur du Peuple, et se termine ainsi dans l'intérêt exclusif de la Bourgeoisie, l'Histoire ne dira-t-elle pas que c'est là une Révolution populaire escamotée ?

Deux mots maintenant sur l'Insurrection des Départements.

§ 30. — Insurrection des départements.

Presque tous les Préfets ont approuvé les criminelles Ordonnances. Quelques-uns ont exprimé des regrets et des craintes sur les dangers qu'elles pouvaient faire courir à Charles X ; un seul a refusé de leur obéir.

Mais l'Opinion est partout unanime pour la résistance et la Révolution ; pas un seul effort n'éclate nulle part en faveur des Bourbons ; beaucoup de villes s'agitent, au contraire, et s'insurgent à la première nouvelle du coup d'État, notamment Dijon (d'où la duchesse d'Angoulême est obligée de fuir, épouvantée), Rouen, le Havre, Arras, Strasbourg, Saint-Quentin, Soissons, Nantes, Lyon surtout, où, dès le 31, le Peuple s'empare de l'Autorité sans coup férir.

Partout le drapeau tricolore, arrivant arboré sur les diligences, est accueilli et salué par des acclamations universelles, et flotte presque aussitôt, pour annoncer que la Révolution, moralement consommée depuis long-temps dans les esprits, se réalise matériellement dans toute la France avec la rapidité de l'étincelle électrique.

Et partout le duc d'Orléans est accepté, comme le serait, du reste, la République ou Napoléon II, si Paris avait proclamé l'une ou l'autre.

CHAPITRE V. — Leçons historiques.

§ I. — Engoûment universel.

Il faut le reconnaître, le choix du duc d'Orléans pour Lieutenant-Général du Royaume, puis pour Roi des Français, excite un enthousiasme, ou plutot un engoûment universel.

Et comment en serait-il autrement, quand la Nation se trouve si ignorante sur nos quarante dernières années ; quand les hommes les plus populaires (les Laffitte, les Lafayette, les Béranger, les Dupont (de l'Eure), les Benjamin Constant, les Gérard, etc., etc.), publient partout son éloge ; quand tous les journaux d'alors l'adoptent et prônent ses qualités et ses vertus ; quand le *National* le proclame si chaudement, comme nous l'avons vu dès le 30 juillet, en publiant alors la lettre de Paul-Louis Courrier (voyez la note de la page 67), si capable de faire des partisans au Duc ; quand le journal Républicain d'alors, la *Tribune* des frères Fabre, consent lui-même à une nouvelle expérience de Monarchie, en demandant seulement une nouvelle Assemblée Constituante (1) ?

Comment cet engoûment n'existerait-il pas quand on entend le Prince déclarer solennellement qu'une Charte sera désormais une vérité ; que la bonne foi sera son invariable règle ; qu'il accepte d'avance toutes les conséquences du principe de la Liberté ; qu'il est Républicoin, et ne veut accepter qu'un trône populaire entouré d'institutions tout à fait Républicaines ; et qu'il n'y aura plus de procès contre la Presse, etc., etc. ?

Comment la France ne serait-elle pas gagnée, captivée, séduite, quand, quelques jours après les Ordonnances qui ouvraient pour elle un abîme de calamités et de servitude, on

(1) A. Fabre. — *Révolution de* 1830 *et le véritable parti Républicain*, t. 1er, p. 158.

n'entend partout que ce mot attribué à Lafayette : « Nous avons un Roi-Citoyen qui est la meilleure des Républiques. »

Enfin, l'entraînement est tellement irrésistible, qu'un des principaux Républicains s'adoucit jusqu'à donner le bras à l'une des filles du duc d'Orléans (la princesse Clémentine), allant avec sa mère, sa tante et ses sœurs, visiter les blessés déposés à l'Hôtel-Dieu (1); et qu'on verra beaucoup d'autres Républicains accepter, les uns des emplois, les autres des grades électifs dans l'artillerie de la Garde nationale, et fraterniser journellement avec le nouvel héritier présomptif de la couronne.

Ah! qu'il serait facile alors de se faire accepter sincèrement et définitivement par une Jeunesse et par un Peuple disposés à sacrifier leurs propres désirs de République à l'intérêt général! — Et si les espérances nées des promesses s'évanouissent bientôt avec celles-ci, si le mécontentement succède à la bienveillance, à qui l'Histoire en attribuera-t-elle principalement la faute?

Mais, malheureusement, la Chambre donne elle-même l'exemple de l'ingratitude et de l'égoïsme.

§ 2. — Ingratitude, égoïsme, cupidité de la Chambre.

Si la Chambre n'agissait que dans l'intérêt public; si, croyant que la prompte élection du duc d'Orléans était nécessaire pour clore et consolider la Révolution, elle se retirait à l'instant après avoir établi le Gouvernement, et convoquait immédiatement une assemblée nouvelle vraiment nationale et populaire, pour discuter et décréter une Constitution, l'Histoire pourrait encore excuser sa précipitation.

Si, reconnaissants de l'inappréciable service rendu par le dévoûment du Peuple, qui, comme le disait Benjamin Constant, venait de sauver à la fois leurs têtes proscrites et la Liberté nationale menacée, ces Députés s'oubliaient eux-mêmes

(1) *Histoire de dix ans*, t. 1er, p. 406.

pour s'occuper des intérêts et des droits de ce Peuple unanimement admiré, la censure de l'Histoire pourrait se trouver désarmée.

Mais, je l'ai déjà dit, et l'on ne peut trop le répéter, pas un mot pour le Peuple !

Et tandis que cette prétendue Représentation nationale donne ainsi l'exemple de la plus monstrueuse ingratitude, elle donne aussi celui de l'égoïsme, de la cupidité, et par conséquent de la démoralisation. Non seulement cette Chambre veut se perpétuer au Pouvoir, dans la crainte qu'elle ne soit pas réélue ; mais elle se jette sur les fonctions publiques comme sur une proie : il est peu de Députés qui ne se précipitent autour du soleil nouveau, sollicitant des croix, des emplois et des faveurs pour eux-mêmes, pour leur famille et leurs amis.

Les Écoles Polytechnique, de Médecine et de Droit, résistent au torrent en refusant 20 croix d'honneur qui leur sont offertes, et en les refusant noblement par le motif qu'elles n'ont fait que leur devoir envers la Patrie, et que tous leurs membres l'ont fait également.

La masse des combattants montre moins de prévoyance et de fermeté lorsqu'elle accepte une Croix de Juillet, que l'intrigue ambitieuse dispute même souvent au courage.

Mais ce sont les départements surtout qu'inonde aussitôt la contagion de la cupidité.

§ 3. — Epidémie de cupidité dans toute la France.

Dès que la victoire du Peuple est connue, tout ce que la France a de faux Patriotes, de Libéraux intrigants et ambitieux, de Bourgeois égoïstes et cupides, accourt de partout à Paris pour vanter ses prétendus services et solliciter des récompenses, comme Montalivet est accouru, dès le 29, à l'Hôtel-de-Ville, non pour combattre, mais pour réclamer la Direction des Ponts et Chaussées (1). Ceux même que de vé-

(1) *Histoire de dix ans*, t. 1er, p. 296.

ritables services rendus, et qu'un véritable patriotisme devrait faire rechercher par le Pouvoir, sont obligés d'accourir, comme les autres, pour n'être pas supplantés par l'intrigue.

Presque toutes les Gardes nationales du Royaume envoient des députations, qui comptent presque autant de solliciteurs que de Gardes nationaux.

Beaucoup de Carlistes même ont l'audace de venir présenter, comme un titre à la faveur, le regret avec lequel ils obéissaient au Despotisme expulsé.

C'est une véritable épidémie d'égoïsme et de cupidité qui couvre la France entière! C'est un mouvement hideux, surtout en présence du magnifique désintéressement du Peuple, qui ne demande que du travail, mais qui reste plongé dans son affreuse misère.

§ 4. — Misère du Peuple.

Au lieu de diminuer la misère des Travailleurs, toujours croissante depuis long-temps sous la Restauration, la Révolution ne fait que l'aggraver, en suspendant le Commerce et l'Industrie, en retirant les capitaux de la circulation, en bouleversant tout momentanément dans la Société. C'est en vain que, immédiatement après le combat, une proclamation s'adressant au Peuple, lui dit : « Braves ouvriers, rentrez dans dans vos ateliers! » Beaucoup d'ateliers demeurent fermés! une masse d'ouvriers reste sans travail, et par conséquent sans pain.

Et, de la part du Gouvernement, rien pour ces Ouvriers! On ne leur donnera pas même à fabriquer les millions de fusils dont on a besoin pour armer la France! On achètera des fusils en Angleterre, et on laissera les travailleurs français désespérés de leur oisiveté et de leur misère, après tant de services rendus par eux à la Patrie!

Quelle déception pour un Peuple proclamé sauveur, pour un Peuple à qui l'on a prodigué les témoignages d'admiration et de reconnaissance, pour un Peuple dont Thiers a dit

(p. 29) : « C'est le Peuple qui a *tout fait* depuis trois jours, il a été puissant et sublime ; c'est lui qui a vaincu : c'est pour lui que devront être *tous les résultats* de la lutte ! »

Mais, au lieu de nous borner à déplorer et à accuser inutilement, tâchons de tirer des faits quelques réflexions utiles.

D'abord est-il vrai que le Peuple seul a tout fait?

§ 5. — Est-il vrai que le Peuple seul a tout fait?

Si le Peuple, pris dans le sens restreint de ce mot (c'est-à-dire les Travailleurs séparés des Bourgeois), pouvait vouloir et agir comme un seul homme, rien ne pourrait certainement résister à sa volonté et à son action, parce qu'il est le plus nombreux et le plus fort.

Mais jamais le Peuple n'est tellement uni et tellement compact, qu'on puisse le considérer comme un seul homme : quand la Bourgeoisie n'est pas d'accord avec lui, elle sait toujours le diviser en partis qui se paralysent ; c'est dans une moitié du Peuple qu'elle trouve les soldats, les gendarmes, les mouchards, les délateurs, les geôliers et les bourreaux, qui servent à combattre ou à comprimer et à neutraliser l'autre moitié ; et quand alors on dit : « *Le Peuple veut*, ou *le Peuple fait ou fera* », ce n'est qu'une illusion, une erreur, un mensonge : car ce n'est pas le Peuple entier, mais seulement une partie plus ou moins faible du Peuple, ce qui est tout à fait différent.

Point de flatterie donc pour le Peuple, point d'illusion qui puisse lui être funeste ! Les Travailleurs ou les Prolétaires ne sont *le Peuple* que quand ils sont unis, et leur union, entre eux, est presque impossible quand ils ne sont pas unis avec la Bourgeoisie ou une partie notable de la Bourgeoisie.

Consultez l'Histoire, et dans toutes les Révolutions populaires, vous verrez toujours le Peuple entraîné, guidé, aidé, par quelque grand Personnage, ou par quelque Parti puissant dans l'Aristocratie ou la Bourgeoisie.

Ainsi, en 1789, c'est bien le Peuple qui a pris la Bastille et réalisé la Révolution ; mais il n'aurait rien fait si les Parlements, en lutte avec la Cour, ne l'avaient appelé, encouragé, échauffé; si les États généraux ne l'avaient provoqué, excité, guidé; si le duc d'Orléans, avec son immense fortune, son immense puissance sociale et son immense clientèle, n'avait servi de ralliement à partie de la Cour et de l'Armée, à partie de la Noblesse et du Clergé, aux Sièyes, aux Mirabeau, aux Lameth, etc., à la Bourgeoisie presque entière, et au Peuple presque tout entier.

De même, en 1830, c'est le Peuple qui a combattu et vaincu dans la rue, et sans lui les Députés, la Presse, le nouveau duc d'Orléans et la Bourgeoisie, n'auraient pas arrêté le despotisme; mais, sans le refus de concours des 221, sans la protestation des Journalistes, sans la coopération de quelques Députés dès le 27, sans la démarche de Laffitte, etc., auprès de Marmont, sans la nomination de Lafayette et de la Commission Municipale, sans l'influence et la secrète intervention du duc d'Orléans et de tout son Parti, sans son intervention publique dès le 30, en un mot, sans la coopération de la Bourgeoisie, le Peuple n'aurait pas fait la Révolution de 1830.

Il n'est donc pas exact de dire que le Peuple seul a tout fait; mais il est vrai que c'est lui qui a le plus fait, et que c'est lui surtout qui a sauvé les Députés compromis; et cela suffit pour condamner éternellement les ingrats qui le laissent dans la misère, en exploitant son dévoûment.

§ 6. — Tous les résultats devraient-ils être pour le Peuple?

Point de flatterie encore pour le Peuple!

Si le Peuple ne s'était battu que pour lui, il n'aurait pas été plus généreux que la Bourgeoisie; il ne serait ni dévoué, ni sauveur, ni sublime; il ne mériterait ni l'admiration ni la reconnaissance.

Mais le Peuple a bravé tous les périls pour la Liberté, pour la Patrie, pour la Nation, pour l'Humanité même; et par conséquent ce n'est pas pour lui seul qu'il demande les résultats de la victoire: c'est pour la Nation entière autant que pour lui, et pour lui autant que pour le reste de la Nation, que la victoire devrait produire des avantages et des fruits.

Aussi, le péril n'est pas plus tôt passé qu'il se retire, confiant et modeste, laissant à la Bourgeoisie le soin de procéder au partage.

Mais la Bourgeoisie prend tout, sans rien lui laisser!...

Et le Peuple, toujours esclave et misérable, reste victime de sa confiance ou de son ignorance.

§ 7. — Le Peuple est victime de son ignorance.

Si le Peuple connaissait bien ses intérêts et ses droits, s'il connaissait bien aussi les hommes et les choses, il ne serait pas ainsi dupe et victime.

Mais, après les funestes émeutes de prairial et de floréal (t. 4, p. 202, 217, 226, 231), le Peuple a été destitué, chassé de partout : de la Garde Nationale, des élections, des assemblées publiques; la Presse était presque morte pour lui. Sous le Directoire, sous le Consulat, sous l'Empire, sous la Restauration, tout concourait à entretenir le Peuple dans l'ignorance sur les principes, le but, les hommes et les faits de notre grande Révolution française; tout contribuait à l'éloigner de l'étude et de la réflexion, et à l'absorber dans de grossières jouissances matérielles, qui l'habituent de plus en plus à la servitude.

Pendant toutes ces époques, la Bourgeoisie et même la Jeunesse tenaient le Peuple à distance : la Charbonnerie ne comptait presque que des Bourgeois.

Le Peuple avait bien l'amour de la Patrie, de la gloire nationale et de la Liberté; il avait bien aussi l'instinct révolutionnaire, mais sans aucune idée des questions sociales, et sans désir arrêté pour ce qu'il faudrait faire après la Révolution, afin de garantir les droits et les intérêts populaires.

Il ne s'occupait que de renverser et révolutionner, sans penser aucunement à réorganiser et à reconstituer, abandonnant entièrement ce soin à la Bourgeoisie.

Il ne connaissait nullement les hommes dans leur vie passée, dans leurs caractères, dans leurs véritables sentiments populaires ou bourgeois : ni Lafayette, ni Laffitte, ni Béranger, ni Gérard, ni C. Périer, ni Sébastiani, ni B. Constant, ni Guizot, ni Dupin, ni même Talleyrand, ni surtout le duc d'Orléans, et prenait pour amis tous ceux qui se signalaient par leur opposition, sans examiner si cette opposition n'était pas exclusivement bourgeoise, ou inspirée par une ambition purement personnelle.

Tel était le Peuple la veille de son héroïque combat; et si sa glorieuse victoire lui est escamotée et reste sans aucun fruit pour lui, ce n'est pas seulement l'effet de l'ingratitude et de l'égoïsme de la Bourgeoisie, c'est aussi le résultat de sa propre et déplorable ignorance.

Cette ignorance n'est pas sa faute, ou du moins elle est surtout le crime des Gouvernements, qui lui refusent tous les moyens d'instruction et d'éducation, afin de le tenir plus aisément enchaîné; mais, dès qu'on lui laisse la moindre possibilité de s'instruire, l'expérience est là pour lui crier que son premier intérêt est de s'éclairer et de se moraliser, de bien connaître ses droits et ses devoirs, de bien étudier le mal qui l'accable, sa cause et le remède, de se bien pénétrer surtout du sentiment de la Fraternité et de la nécessité de l'Union solidaire et fraternelle.

§ 8. — Danger des Coalitions de Partis.

La veille des Trois grandes Journées, ce n'était pas l'Union qui régnait dans l'Opposition, c'était une Coalition tacite entre trois Partis, Napoléoniste, Orléaniste, Républicain, d'accord seulement pour renverser, mais essentiellement adversaires ou même ennemis, et bien résolus à se disputer ensuite la victoire.

La *Charbonnerie* elle-même n'était qu'une conspiration sans principes, une coalition de révolutionnaires. Il y avait des *ventes* ou *sections* entièrement composées de Napoléonistes (Généraux, Colonels, Officiers de l'Empire), beaucoup d'autres composées de Républicains (étudiants, jeunes gens et vieux patriotes), quelques unes comprenant des Orléanistes.

On y imposait généralement l'obligation d'avoir un fusil avec sa baïonnette et des cartouches, et de s'exercer au maniement des armes ; mais on n'y parlait pas de principes ni de réorganisation politique et sociale.

« Ne nous occupons d'abord que de faire la Révolution, disait-on. Quand nous aurons renversé, il sera temps de nous occuper de reconstruire. »

Mais, quand arrive le jour de la Révolution, tandis que les Républicains et les Napoléonistes ne s'occupent que de combattre, les Orléanistes ne s'occupent que d'escamoter la victoire, et n'ont pas beaucoup de peine à l'escamoter, avec le secours de Laffitte, Béranger, Lafayette, etc.

Ceux-ci seront bien responsables devant l'Histoire ; mais deux des Partis coalisés n'en seront pas moins dupes et victimes de la ruse et des manœuvres de leur coalisé !

§ 9. — Responsabilité de Laffitte.

Je ne parlerai pas de Sébastiani, de C. Périer, de Dupin, de Guizot, de Thiers, qui n'ont jamais été dans le camp populaire : mais Laffitte, quel malheur qu'il ait été si confiant, si crédule, si facile !

Nous l'entendrons, quelque jour, demander publiquement *pardon* à la France d'avoir aidé à la tromper, après s'être laissé tromper lui-même.

§ 10. — Responsabilité de Béranger.

Si le chantre applaudi du drapeau tricolore avait, en adoptant le Duc, demandé une Constitution nouvelle et nationale... ; mais il accepte et concourt à imposer *la Charte* avec le Prince (1) !

---

(1) Le 1er août, chez Dupont de l'Eure, au Ministère de la Justice, place Vendôme, rencontrant Béranger, que je n'avais pas vu depuis long-temps, et dont je ne soupçonnais pas même les engagements Orléanistes, je l'atti-

Plus tard, après la démission ou la destitution de Lafayette, de Dupont de l'Eure, de Dulong, de Laffitte, nous le verrons ne pas cesser d'appuyer les auteurs ou complices de leur expulsion, en imposant à sa Muse un inconcevable silence.

§ 11. — Responsabilité de la Commission Municipale.

C'est en elle, en Mauguin surtout et en Audry de Puiraveau, que les Républicains et les combattants mettaient leur confiance.

Absorbé jusqu'au 31 dans la Municipalité insurrectionnelle de l'Odéon (parce que tout annonce que c'est par ce quartier de Paris que les troupes de Sèvres, les Suisses d'Orléans et l'artillerie de Vincennes pourront, en se réunissant, renouveler l'attaque), je cours enfin voir Mauguin à l'Hôtel-de-Ville.

— N'ayez aucune inquiétude, s'écrie-t-il à l'instant; nous venons de décider l'organisation de vingt bataillons de garde populaire mobile composée d'ouvriers, avec une solde de 30 sous par jour pour pourvoir aux besoins de leur famille.

— C'est bien, lui dis-je, tout est là, et je repars tranquille.

Mais la Commission Municipale donne sa démission le lendemain, sans avoir rien organisé !

§ 12. — Responsabilité de Lafayette.

Nous avons vu Lafayette (t. 3, p. 76 et 131) tout compromettre pour servir Louis XVI et la Royauté; puis, après sa captivité d'Olmutz, se déclarer Républicain en 1797, faire de l'Opposition à l'Empire et à la Restauration impériale, en 1815, en invoquant la Liberté.

---

rai dans l'embrasure d'une croisée et lui dis : « Eh bien, Béranger, *la Charte !...* — Eh bien, répondit-il, pourquoi pas ?... »

Nous eûmes alors une très vive altercation, qui attira vers nous le frère de Manuel : — « Quoi ! nous dit-il, amis depuis long-temps, c'est aujourd'hui que vous allez vous disputer et vous brouiller ! »

Mais la chose était indépendante de nos volontés, et nous nous trouvions dans deux camps opposés.

Depuis, et pendant toute la Restauration, il se place à la tête de l'Opposition contre les Bourbons; et le Pays, qui ne connaît pas son histoire et qui voit en lui la plus grande Notabilité politique, l'adopte pour ainsi dire comme l'une de ses premières espérances.

Son voyage, ou plutôt sa marche triomphale en Amérique en 1826, et ses ovations à Lyon en 1829, augmentent immensément encore sa puissance dans l'opinion publique.

Entré dans la *Charbonnerie* dès sa fondation en 1819, devenu son principal chef, il y prend le caractère du révolutionnaire le plus résolu et du Républicain le plus décidé, ne négligeant d'ailleurs rien pour se populariser et pour obtenir la confiance de la Jeunesse.

Accusant de tiédeur d'autres Républicains, Manuel par exemple (qui désirait la République, mais choisie et proclamée par un Congrès national), il se montrait jaloux d'opérer lui-même et seul la Révolution, et voulait imposer pour ainsi dire la République au milieu de l'insurrection de l'Armée, de la Jeunesse et du Peuple.

C'est ainsi qu'il partit, avec des proclamations Républicaines, de Paris pour *Béfort*, où devait éclater une insurrection militaire, et d'où, l'insurrection avortant, il ne parvint à s'échapper que par une espèce de miracle (1).

Aussi, quand le 29 juillet Lafayette arrive à l'Hôtel-de-Ville, conquis par une Insurrection victorieuse, les *Carbonari* Républicains ne doutent point qu'il va proclamer la République.

Et nous avons vu soit les Orléanistes trembler qu'il ne proclame en effet la République, soit O. Barrot déclarer qu'il lui était plus facile alors de faire cette proclamation que de faire accepter une nouvelle Monarchie (p. 73).

---

(1) Quand l'Autorité, avertie de son arrivée, se présenta pour saisir sa voiture avec la certitude qu'on n'avait pu la faire sortir, la Police fut bien déconcertée en ne trouvant aucune voiture : elle avait été démontée, brisée, enlevée par morceaux.

Mais, dès le 30, Lafayette renonce à la République et accepte un Roi!...

Si du moins il exigeait une nouvelle Assemblée nationale, une Constitution nouvelle, la consécration du principe d'Égalité...; mais il livre tout et abandonne tout!...

Il avouera, comme Laffitte, qu'il s'est trompé, et s'en repentira; il se plaindra d'avoir été trompé, et se montrera disposé à une révolution nouvelle; mais quelle responsabilité pour lui! quel malheur pour la France!

Un premier malheur, c'est l'absence de *Manuel*, mort en 1827.

§ 13. — Malheur de la mort de Manuel.

Manuel, si célèbre pour avoir osé dire à la tribune que la France n'avait vu qu'avec *répugnance* le retour des Bourbons, était à la fois un homme de talent, un homme capable et prudent, un homme d'action, simple dans ses goûts, sans ambition, trop peu ambitieux même et trop peu confiant dans sa force.

Il partageait avec Lafayette la direction de la Charbonnerie.

Les partisans du Général, qui se disaient les seuls Républicains, l'accusaient sourdement d'être Orléaniste; mais, soldat volontaire de la République dans sa jeunesse, il la désirait sans vouloir l'imposer, et prenait sincèrement pour guide ce principe de la Déclaration des Représentants, pendant les Cent Jours, qu'à la Nation seule il appartient de choisir son Gouvernement. Il ne repoussait systématiquement ni la Monarchie constitutionnelle et représentative, ni le duc d'Orléans, parce que, ajoutait-il, il est impossible de prévoir toutes les tempêtes qui peuvent éclater, et parce que, au milieu d'une tempête, le pilote fait ce qu'il *peut* et non ce qu'il *veut* pour sauver son navire; mais il n'avait aucun engagement, et se trouvait complétement indépendant.

Pour conserver sa parfaite indépendance, il avait refusé d'être le *Conseil* ou l'Avocat du Duc, comme il avait refusé de se marier pour rester libre au service d'une Révolution.

S'il eût vécu et s'il eût été à Paris le 26 juillet, très probablement il se serait jeté dans l'insurrection dès le premier jour; et comme aucun homme politique n'inspirait généralement autant de confiance par sa fermeté, son courage et sa prudence, il aurait tout entraîné.

Peut-être, par esprit de rivalité et pour avoir la gloire de le devancer, Lafayette se serait-il empressé de proclamer la République : et alors on aurait eu la République.

Peut-être aussi Manuel n'aurait pas repoussé le duc d'Orléans; mais certainement, du moins c'est ma conviction (et mes relations intimes avec lui m'autorisent à le dire), il n'aurait pas oublié ce mot du Duc chez Laffitte : « Si vous me portez au pouvoir, vous serez bien *bêtes* si vous *ne me garrottez pas* (p. 69) ; il aurait voulu *garrotter* le nouveau Pouvoir; il aurait fait établir un *Gouvernement provisoire* au lieu d'une *Commission Municipale* et d'une *Lieutenance générale du Royaume;* il aurait demandé une *Assemblée nationale* pour choisir le Gouvernement définitif et faire une Constitution, mûrement délibérée, qui aurait stipulé toutes les garanties nécessaires à la Nation et au Peuple.

Telle eût été, je le répète, la volonté de Manuel.

Et Laffitte, Dupont de l'Eure, Béranger, Bérard, Audry de Puiraveau (qui étaient tous ses intimes amis et qui avaient une entière confiance en lui), puis Thiers et Mignet (ses compatriotes et ses protégés), n'auraient fait qu'un avec lui.

O. Barrot, Mérilhou, Barthe, de Schonen, presque tout ce que la Chambre et la France avaient de patriotes énergiques et d'hommes populaires, se seraient ralliés autour de lui.

Si Mauguin s'en était séparé, ce n'aurait été que pour se montrer plus révolutionnaire et plus énergique.

Et si Lafayette lui-même n'avait pas fait cause commune avec lui, ce n'aurait été, comme je l'ai déjà dit, que pour le surpasser en proclamant la République.

Quant à C. Périer, Sébastiani, Dupin, Guizot, Talleyrand lui-même, il les connaissait trop bien (et me les avait trop bien fait connaître) pour ne pas les combattre à l'instant; et tous le connaissaient trop bien aussi pour ne pas se sentir paralysés en sa présence.

Le Duc lui-même n'aurait pas osé lutter contre lui.

Et c'est ainsi qu'un seul homme, changeant toutes les combinaisons, utilisant toutes les bonnes qualités de ses amis, évitant leurs faiblesses, neutralisant les mauvaises passions de ses adversaires, aurait fait une Révolution nationale et populaire, sans laisser à personne l'espoir et le projet de l'escamoter.

Dans le discours qui précéda son expulsion de la Chambre, il avait, à la tribune (séance du 25 février 1822), fait connaître pour la dernière fois ses sentiments d'estime et de reconnaissance envers le Peuple.

« Trop jeune pour y prendre une part active, disait-il en parlant des travaux de la Convention, je me trouvais alors dans les rangs de l'armée, où l'on a dit que l'*honneur français s'était réfugié*. Toutefois, je me hâte de déclarer que je n'accepte pas cet hommage rendu à l'armée aux dépens de la Nation. L'honneur français était partout. Nous n'oublierons jamais que *c'est au Peuple que nous devons des bienfaits immenses* et solennellement reconnus. Nous n'oublierons pas que, si de glorieux combats ont assuré l'indépendance de la Patrie, c'est au patriotisme et aux vertus de nos pères que nous devons d'inappréciables réformes et tous les gages de sa prospérité. »

Oui, je le répète, la mort prématurée de Manuel est une des plus grandes calamités qui aient affligé le Peuple et la Nation, en leur en préparant beaucoup d'autres.

Il fallait *un homme* pour faire des Trois grandes Journées populaires une Révolution réelle et fructueuse pour le Peuple : mais Manuel était mort quelques années auparavant!

Revenons à Louis-Philippe, roi des Français.

CHAPITRE VI. — Système gouvernemental adopté.

§ I. — Avertissements donnés.

Qu'on me pardonne de citer ici des faits qui me sont personnels. Au milieu de l'engoûment général, au milieu des flots de flatteries et d'adulations qui enveloppent et entraînent le Prince dès le premier instant de son arrivée, il n'est pas inutile sans doute de constater que quelque voix courageuse n'a pas craint de lui faire entendre la vérité. D'ailleurs, nous verrons Louis-Philippe, dans une circonstance solennelle, le 6 juin 1832, parler lui-même de mes entretiens avec lui (1).

Dès le 1er août, vers huit heures du matin, rencontrant par hasard Mauguin qui se rendait au Palais-Royal, et qui m'offrit d'y aller avec lui, j'acceptai la proposition; et là, pour la première fois, je vis le duc d'Orléans, dont j'étais entièrement inconnu. Le Prince s'habillait, et la conversation fut courte. Il parla de ses sentiments républicains et de monarchie républicaine.

— Il y a trois hommes qui vous perdront dans l'opinion publique, lui dis-je, si vous leur donnez votre confiance.

— Comment? qui donc? répondit-il étonné.

— Sébastiani, Dupin, Talleyrand....

Mais il n'en crut rien; car ce fut précisément à ces hommes qu'il se confia principalement.

Puis, le 3 août au matin, au Ministère de la Justice, où

(1) Le 6 juin, lorsque, après l'insurrection écrasée, Laffitte, O. Barrot et Arago, vont en députation aux Tuileries, l'un d'eux disant : « Nous craignons d'abuser du temps de votre Majesté », Louis-Philippe répond : « Je suis un Roi constitutionnel et je dois écouter tout le monde; c'est mon devoir. J'ai bien donné audience à MM. *Mauguin* et *Cabet*; je ne puis donc voir qu'avec plaisir trois personnes avec lesquelles j'ai eu des relations *privées*, et qui peuvent me faire connaître la vérité avec moins d'*amertume*. »

j'étais auprès de Dupont (de l'Eure) comme secrétaire intime ou comme ami, effrayé de la marche anti-révolutionnaire que me paraissaient prendre les événements, j'écrivis au Duc la lettre suivante :

« PRINCE,

» Vous exprimer mon opinion sur la crise d'aujourd'hui, c'est sans doute une témérité.

» Cependant l'avis du plus obscur citoyen peut n'être pas inutile à ceux à qui la flatterie, l'intrigue et l'ambition, s'efforcent ordinairement de cacher la vérité.

» Tout dévoué à mon pays, désirant avant tout son bonheur, et convaincu que vous pouvez assurer ou compromettre son salut, j'hésite d'autant moins à vous écrire, que j'ai aussi la conviction que *vous êtes trompé*, et que l'erreur dans laquelle on vous entraine peut être funeste à la Patrie comme à vous.

» Le Peuple vient de s'affranchir au prix de son sang; il a souffert des maux affreux ; il a bravé d'effroyables catastrophes : ses sacrifices et ses dangers ne peuvent être stériles; il a voulu la Liberté, il la veut : il doit l'avoir comme il l'a conquise.

» Vainqueur, il a la conscience de sa force irrésistible; il combattrait de nouveau s'il était nécessaire, et de nouveau il triompherait encore.

» Vous ne pouvez vous le dissimuler, PRINCE, les terribles excès de la royauté; votre nom, qui rappelle les derniers oppresseurs du pays, et même votre longue inaction, qui, dit-on, n'a cessé que trop tardivement, vous ont fait de *nombreux adversaires*.

» Cependant, si vous reconnaissez formellement la *Souveraineté nationale*, si vous n'arrivez au trône qu'en vertu d'une *Constitution délibérée par les représentants spéciaux* de la Nation, *approuvée par elle* et jurée par vous, tous les citoyens, même les Républicains les plus ardents, se rallieront sincèrement et unanimement autour de vous; et, véritablement élu par la Nation la plus héroïque, la plus franche et la plus aimante, vous serez bientôt le plus respecté, le plus chéri, le plus puissant et le plus heureux de tous les Monarques.

» Mais ces mêmes Républicains, fidèles à la protestation des représentants de 1815, veulent absolument ne reconnaitre un ROI qu'autant qu'il aura accepté et juré une *Constitution délibérée* par les Représentants du Pays, et *ratifiée* par celui-ci.

» Or, tandis qu'on veut une *Constitution* délibérée, vous parlez de la *Charte* (dont l'origine est illégitime et frauduleuse, et dont les vices nombreux ont attiré sur la France 16 ans de calamités). — En second lieu, le bruit se répand généralement que les Députés actuels (qui n'ont point été élus pour cet objet spécial et fondamental, et qui ne sont même ni constitués ni complétement rassemblés) vont s'empresser de vous offrir la couronne, définitivement et sans consulter la Nation, comme si ces Députés voulaient obtenir vos faveurs par leur adulation, ou comme si, effrayés du danger de leur position, ils étaient impatients de tout sacrifier à leur sécurité personnelle.

» Cette précipitation et cette irrégularité ne paraissent nullement nécessaires, surtout si les vaincus ont abdiqué.

» Puissiez-vous, PRINCE, *repousser* maintenant le pouvoir qu'on semble vouloir vous forcer à prendre! puissiez-vous n'accepter la couronne qu'après qu'une grande *Assemblée nationale,* spécialement élue, vous l'aurait offerte avec une nouvelle Constitution! Ce refus, vous gagnant tous les esprits et tous les cœurs, vous investissant provisoirement de toute la confiance et de toute l'autorité nécessaires, vous assurerait l'unanimité nationale, et préserverait notre belle Patrie des nouveaux malheurs qui la menacent.

» J'ai l'honneur d'être, etc.

» CABET. »

Le Duc ne trouvait pas alors que c'étaient là des vérités exprimées avec *amertume* ; car il chargea Laffitte de m'inviter à l'aller voir pour conférer avec lui.

Je lui parlai dans le même sens, avec une entière franchise, à laquelle il répondit avec une extrême bienveillance, en manifestant lui-même les sentiments les plus libéraux et les plus populaires.

Cependant, effrayé de plus en plus des tendances des Députés et des Ministres et du silence de la Presse, je fis imprimer, le 7 août au matin, pour être distribuée dans la Chambre, une seconde lettre au Duc, dans laquelle je discutais toutes les questions et les résolvais ainsi :

« La *Charte* est-elle légitime dans son origine, et d'ailleurs existe t-elle encore? — Non.

» Faut-il faire une Constitution nouvelle? — Oui.

» Les Députés récemment élus peuvent-ils le faire? — Non.

» Faut-il un Cens pour l'éligibilité? — Non.

» Le Prince peut-il faire une ordonnance électorale populaire? — Oui.

» Les Députés actuels ont-ils le droit de siéger cinq ans? — Non.
» Faut-il réorganiser les tribunaux? — Oui.
» Les Pairs existent-ils encore? — Non.

Puis la lettre ajoutait :

« Vous dites, PRINCE, que vous êtes *attaché de cœur et de conviction aux principes d'un Gouvernement libre, et que vous en acceptez* TOUTES LES CONSÉQUENCES ; vous reconnaissez la souveraineté nationale ; vous êtes fier de tenir la couronne du Peuple ; vous désirez une *Monarchie républicaine*.

» Eh bien ! avancez hardiment, nettement, complétement, dans la carrière nationale.

» Point de tergiversations, point de demi-mesures !

» Soyez plus libéral et plus énergique que les Députés d'aujourd'hui et que vos propres Conseillers.

» Appuyez-vous sur la Jeunesse et sur le Peuple, qui viennent de combattre et de vaincre ; sur ce Peuple et cette Jeunesse aussi justes et vertueux dans la paix qu'héroïques dans la guerre. C'est là qu'est la force, c'est là qu'est le dévoûment à la Liberté et à la Patrie. Electrisés par la victoire, engagés aux yeux de la France et de l'Univers, ils ne déposeront les armes que quand les droits de la Nation seront consolidés ; mais cédez à leur vœu : ce sont eux qui vous ont procuré la couronne, ce sont eux qui la défendront.

» Gouvernez, renvoyez des Chambres qui n'existent plus, convoquez une grande Assemblée nationale, renforcez votre Conseil par des Ministres décidés et populaires, en y appelant de nouveaux Dupont (de l'Eure).

» Ne craignez rien.

» Si la loyauté de votre caractère ne nous rassurait pas, c'est nous qui devrions craindre que vous ne fussiez bientôt trop populaire et trop puissant.

» CABET, *avocat*. »

Plus tard, le 21 septembre, quoique nommé Procureur général en Corse, j'adressai au Roi un long Mémoire, dans lequel je lui signalais tous les dangers, et le conjurais encore de sauver la Patrie en revenant aux principes de la Révolution.

Le lendemain, j'eus avec lui une longue conférence dans laquelle je lui parlai sans aucun déguisement ; et, loin de trouver de l'amertume dans ma franchise, il en paraissait vivement ému, car il ne pouvait me laisser sortir, et me dit enfin en m'ouvrant la porte : « Je n'oublierai jamais notre conversation d'aujourd'hui. »

Mais que pouvaient tous les efforts? On disait partout et l'on croyait généralement que tout le mal venait du Ministère, que le Prince était plus libéral que ses Ministres et les Députés, et que le système suivi était le leur et non pas le sien, tandis que nous allons le voir déclarer lui-même que le système est bien le sien, et qu'il l'adopte dès le premier jour, 1er août.

§ 2. — Le système est choisi le 1er août.

Dans la fameuse conférence de Laffitte, O. Barrot et Arago avec Louis-Philippe, le 6 juin 1832, les trois Députés attribuant tous les malheurs au *système du 13 mars* 1831, introduit par C. Périer et différent de celui adopté et suivi précédemment, Louis-Philippe leur soutient le contraire.

« *Arago :* — C'est le *système* du gouvernement qui cause tout le mal; c'est le système que l'on doit changer. La France avait accepté toutes les conséquences de la Révolution; presque tous les membres de l'Opposition voulaient une Monarchie, mais une Monarchie *populaire*.

» *Laffitte :* — Dites tous; l'Opposition entière est d'accord que la Royauté de juillet doit être conservée.

» *Louis-Philippe :* — Je suis charmé d'apprendre que MM. *Cabet* et *Garnier-Pagès* sont de cet avis.

» *Arago :* — Aujourd'hui il existe trois Partis; mais c'est le *système ministériel* qui donne de la force au Parti Républicain; il faut un *système* plus libéral à l'*intérieur*, moins de faiblesse et de condescendance envers l'*Étranger*. Alors le Peuple et le Prince seront solidement unis. Le *système* actuel est périlleux pour le Roi, pour sa famille et pour la Patrie.

» *Louis-Philippe :* — Aussitôt que j'arrivai au trône, j'adoptai le système qui me parut bon; il me paraît bon encore aujourd'hui. Prouvez que je me trompe et je changerai : autrement je persisterai; car je suis homme de conscience et de conviction; on me hacherait comme chair à pâté dans un mortier plus tôt que de m'entraîner contre mon opinion.

» Je n'ai pas d'entourage : c'est peut-être de l'amour-propre;

www.ingramcontent.com/pod-product-compliance
Lightning Source LLC
LaVergne TN
LVHW012016220826
846092LV00001B/378

* 9 7 8 2 3 2 9 7 5 8 3 7 4 *